ENZYKLOPÄDIE
DEUTSCHER
GESCHICHTE
BAND 76

ENZYKLOPÄDIE
DEUTSCHER
GESCHICHTE
BAND 76

HERAUSGEGEBEN VON
LOTHAR GALL

IN VERBINDUNG MIT
PETER BLICKLE
ELISABETH FEHRENBACH
JOHANNES FRIED
KLAUS HILDEBRAND
KARL HEINRICH KAUFHOLD
HORST MÖLLER
OTTO GERHARD OEXLE
KLAUS TENFELDE

DIE SOZIALGESCHICHTE DER DDR

VON

ARND BAUERKÄMPER

R. OLDENBOURG VERLAG
MÜNCHEN 2005

Bibliografische Information der Deutschen Bibliothek

Die Deutsche Bibliothek verzeichnet diese Publikation in der Deutschen Nationalbibliografie; detaillierte bibliografische Daten sind im Internet über <http://dnb.ddb.de> abrufbar.

© 2005 Oldenbourg Wissenschaftsverlag GmbH, München
Rosenheimer Straße 145, D-81671 München
Internet: http://www.oldenbourg.de

Umschlaggestaltung: Dieter Vollendorf
Umschlagabbildung: Denkmal der Kampfgruppen, Berlin, Hohenschönhauser Straße, Foto: Peter Schricker

Gedruckt auf säurefreiem, alterungsbeständigem Papier (chlorfrei gebleicht)
Gesamtherstellung: R. Oldenbourg Graphische Betriebe Druckerei GmbH, München

ISBN 3-486-57637-2 (brosch.)
ISBN 3-486-57638-0 (geb.)

Vorwort

Die „Enzyklopädie deutscher Geschichte" soll für die Benutzer – Fach-
historiker, Studenten, Geschichtslehrer, Vertreter benachbarter Disziplinen und interessierte Laien – ein Arbeitsinstrument sein, mit dessen
Hilfe sie sich rasch und zuverlässig über den gegenwärtigen Stand unserer Kenntnisse und der Forschung in den verschiedenen Bereichen
der deutschen Geschichte informieren können.
Geschichte wird dabei in einem umfassenden Sinne verstanden: Der
Geschichte der Gesellschaft, der Wirtschaft, des Staates in seinen inneren und äußeren Verhältnissen wird ebenso ein großes Gewicht beige-
messen wie der Geschichte der Religion und der Kirche, der Kultur, der
Lebenswelten und der Mentalitäten.
Dieses umfassende Verständnis von Geschichte muss immer wieder
Prozesse und Tendenzen einbeziehen, die säkularer Natur sind, nationale und einzelstaatliche Grenzen übergreifen. Ihm entspricht eine eher
pragmatische Bestimmung des Begriffs „deutsche Geschichte". Sie orientiert sich sehr bewusst an der jeweiligen zeitgenössischen Auffas-
sung und Definition des Begriffs und sucht ihn von daher zugleich von
programmatischen Rückprojektionen zu entlasten, die seine Verwendung in den letzten anderthalb Jahrhunderten immer wieder begleite-
ten. Was damit an Unschärfen und Problemen, vor allem hinsichtlich
des diachronen Vergleichs, verbunden ist, steht in keinem Verhältnis zu
den Schwierigkeiten, die sich bei dem Versuch einer zeitübergreifenden
Festlegung ergäben, die stets nur mehr oder weniger willkürlicher Art
sein könnte. Das heißt freilich nicht, dass der Begriff „deutsche Geschichte" unreflektiert gebraucht werden kann. Eine der Aufgaben der
einzelnen Bände ist es vielmehr, den Bereich der Darstellung auch geo-
graphisch jeweils genau zu bestimmen.
Das Gesamtwerk wird am Ende rund hundert Bände umfassen. Sie folgen alle einem gleichen Gliederungsschema und sind mit Blick auf die
Konzeption der Reihe und die Bedürfnisse des Benutzers in ihrem Umfang jeweils streng begrenzt. Das zwingt vor allem im darstellenden
Teil, der den heutigen Stand unserer Kenntnisse auf knappstem Raum
zusammenfasst – ihm schließen sich die Darlegung und Erörterung der
Forschungssituation und eine entsprechend gegliederte Auswahlbiblio-

graphie an –, zu starker Konzentration und zur Beschränkung auf die zentralen Vorgänge und Entwicklungen. Besonderes Gewicht ist daneben, unter Betonung des systematischen Zusammenhangs, auf die Abstimmung der einzelnen Bände untereinander, in sachlicher Hinsicht, aber auch im Hinblick auf die übergreifenden Fragestellungen, gelegt worden. Aus dem Gesamtwerk lassen sich so auch immer einzelne, den jeweiligen Benutzer besonders interessierende Serien zusammenstellen. Ungeachtet dessen aber bildet jeder Band eine in sich abgeschlossene Einheit – unter der persönlichen Verantwortung des Autors und in völliger Eigenständigkeit gegenüber den benachbarten und verwandten Bänden, auch was den Zeitpunkt des Erscheinens angeht.

Lothar Gall

Inhalt

Vorbemerkung des Verfassers

Die Vereinigung der beiden deutschen Staaten und die Öffnung der DDR-Archive haben der Geschichtsschreibung zum zweiten deutschen Staat kräftige Impulse verliehen. Inzwischen ist auch das Spektrum der untersuchten sozialgeschichtlichen Probleme beträchtlich. Mit diesem Buch wird deshalb erstmals ein umfassender Überblick vorgelegt, der auch die neueren Einzelstudien zur Gesellschaft der DDR einbezieht. Dabei konnte die bis September 2003 publizierte Literatur berücksichtigt werden. Die Darstellung schließt z. T. an Günther Heydemanns Buch über „Die Innenpolitik der DDR" [27] an.

Die historische Forschung hat sich nach 1990 auf die politische Durchsetzung und Stabilisierung der SED-Diktatur konzentriert und damit Schwerpunkte der Geschichtsschreibung in den beiden getrennten deutschen Staaten fortgeschrieben. Zudem ist der Zeitraum von 1945 bis zu den sechziger Jahren bislang weitaus eingehender untersucht worden als die letzten beiden Jahrzehnte der DDR. Jedoch waren bereits mit dem tief greifenden Umbruch, der sich bis zu den frühen sechziger Jahren vollzog, wichtige Weichenstellungen der weiteren politischen und sozialen Entwicklung vorgenommen worden. Deshalb müssen in diesem Buch auch gesellschaftliche Prozesse behandelt werden, die sich in den ersten vier Nachkriegsjahren in der Sowjetischen Besatzungszone vollzogen.

Die einzelnen Probleme und Themenfelder der Gesellschaftsgeschichte des zweiten deutschen Staates sind in unterschiedlicher Intensität untersucht worden. Dieses Buch vermittelt deshalb nicht nur wichtige Befunde veröffentlichter Studien und Forschungstrends, sondern berücksichtigt auch Aufgaben und Themenfelder der künftigen historischen Forschung zur Gesellschaft der DDR. Die Darstellung konzentriert sich auf soziale Strukturen und Prozesse. Zudem werden einzelne Gruppen behandelt, nicht zuletzt, um auch die Akteure und die subjektive Ebene der Wahrnehmung, Interpretation und Sinngebung einzubeziehen. Dagegen werden Entwicklungen im Kulturbereich (Theater, Bildende Kunst, Film usw.) nur punktuell skizziert.

Das Buch beruht auf der wissenschaftlichen Arbeit, die ich im Zentrum für Zeithistorische Forschung (Potsdam) durchführte. Im Zentrum für Vergleichende Geschichte Europas (Berlin; jetzt Berliner Kolleg für Vergleichende Geschichte Europas) konnte ich neben meinen Aufgaben als Geschäftsführender Leiter die Auswertung der umfangreichen Sekundärliteratur gezielt vertiefen. Für seine präzisen Hinweise zur Gliederung und zum Manuskript dieses Buches danke ich Klaus Tenfelde (Bochum). Auch das Lektorat durch Gabriele Jaroschka (Oldenbourg Verlag) hat den Text erheblich verbessert. Heike Emmrich-Willingham, Nancy Wegner und Gert Röhrborn wirkten engagiert bei der Endredaktion des Textes mit. Darüber hinaus gebührt Rosanna Dom und Kristof Scheller Dank für Ihre unermüdliche Hilfe bei der Literaturrecherche und der Vorbereitung der Bibliographie, die eine Auswahl bis Herbst 2003 veröffentlichter Studien enthält. Nur ausnahmsweise konnten auch Werke aufgenommen werden, die bis Frühjahr 2004 erschienen.

Meine Frau Anke Schröder hat mich bei der Niederschrift auch dieser Monographie tatkräftig unterstützt. Ihr ist das Buch deshalb gewidmet.

Berlin, im Dezember 2004   Arnd Bauerkämper

I. Enzyklopädischer Überblick

1. Die Herausbildung der staatssozialistischen Gesellschaft

Die soziale Entwicklung der DDR wurde von der Politik der Machtha-ber so nachhaltig beeinflusst, dass der zweite deutsche Staat als „staats-sozialistische Gesellschaft" bezeichnet und gefasst worden ist. Der Herrschafts- und Gestaltungsanspruch, den die Behörden der Sowjeti-schen Militäradministration in Deutschland (SMAD) und die Führung der Kommunistischen Partei Deutschlands (KPD), anschließend die Spitzenfunktionäre der Sozialistischen Einheitspartei Deutschlands (SED) durchsetzten, erstreckte sich auch auf die Gesellschaft. Der tief greifende soziale Umbruch, der in der Sowjetischen Besatzungszone (SBZ) einsetzte, sollte die Herrschaft der SED ermöglichen, die mit dem Übergang zur „Partei neuen Typus" und der beschleunigten Stali-nisierung 1949/50 das Machtmonopol errang. *(Herrschaftspolitik und sozialer Wandel)*

Die neue „sozialistische" Gesellschaft, die durch gezielte politische Eingriffe bis zu den sechziger Jahren herausgebildet wurde, war nicht nur dem Ziel verpflichtet, die politischen und sozialstrukturellen Ursachen des Nationalsozialismus und belastende gesellschaftliche Traditionen zu überwinden. Vielmehr wurde dieses „Antifaschismus"-Postulat schon in den fünfziger Jahren zunehmend von einer modernistischen Legitima-tionsideologie überlagert. Die Vision einer homogenen „sozialistischen Menschengemeinschaft" ergänzte die technokratische Programmatik, die auf die Herausbildung einer den westlich-kapitalistischen Staaten überlegenen wirtschaftlichen und gesellschaftlichen Ordnung in der DDR zielte. Nachdem die sozialistische Utopie ihren Stellenwert als Le-gitimitätsquelle gegenüber der Bevölkerung eingebüßt hatte, konzen-trierte sich die SED-Führung unter dem neuen Generalsekretär Erich Ho-necker (1912–1994) in den siebziger und achtziger Jahren schließlich auf die Bereitstellung sozialer Leistungen, die dem staatssozialistischen Re-gime die erforderliche gesellschaftliche Unterstützung verleihen sollten. *(Legimitations-ideologien und Gesellschaftspolitik)*

Insgesamt waren die Steuerung und Kontrolle der sozialen Ent-wicklung durch den Herrschaftsapparat der SED-Diktatur so wirksam, *(Gesellschaftliche Folgen der Herr-schaftspolitik)* dass die Gesellschaftsgeschichte der SED keinesfalls als „history of a people with the politics left out" (George M. Trevelyan) geschrieben werden kann. Die Politik der Sozialkonstruktion und das Herrschaftsmonopol der SED kennzeichnen vor allem den Aufbau der staatssozialistischen Diktatur bis zu den frühen sechziger Jahren. In der „durchherrschten Gesellschaft" (J. Kocka) durchdrang die Diktatur die sozialen Strukturen und Beziehungen.

Verdrängung und Privilegierung

Außer den weit reichenden Folgen des Zweiten Weltkrieges zerstörten politische Eingriffe in der SBZ und DDR traditionelle gesellschaftliche Strukturen zugunsten einer neuen sozialen Ordnung, die weitgehend von der (keineswegs konsistenten oder uniformen) Herrschaftsideologie der Machthaber geprägt war. Während gesellschaftliche Führungsgruppen verdrängt und entmachtet wurden, förderte die SED-Führung vor allem die Nachkommen bislang marginalisierter Schichten, die das gesellschaftliche Fundament des „Arbeiter- und Bauernstaates" bilden sollten. Politische Verdrängung und Privilegierung ergänzten sich als Prozesse und Strategien der von den Machthabern vorangetriebenen Transformation, die auf eine weit reichende soziale Egalisierung zielte. Das Ziel, in der Gesellschaft Gleichheit zwischen den Menschen herbeizuführen, war tief in der Programmatik des Marxismus-Leninismus verwurzelt. Nach dem Zweiten Weltkrieg traf dieses Versprechen in Deutschland weit über die Reihen der Kommunisten hinaus ebenso auf eine breite Zustimmung wie die Forderung nach einem radikalen Bruch mit dem Nationalsozialismus. Der damit verbundenen „Verheißung zukünftiger Harmonie" in der herauszubildenden egalitären sozialistischen Gemeinschaft entsprach die unter den Funktionären der KPD bzw. SED weit verbreitete „Angst vor dem Hauptfeind Heterogenität" (S. Meuschel). Das Konzept sozialer Egalisierung schloss einen umfassenden Elitenwechsel ein, mit dem politisch loyale und fachlich kompetente neue „Kader" installiert werden sollten.

Funktionale Entdifferenzierung

Durch den tief greifenden gesellschaftlichen Umbruch verloren gesellschaftliche Kräfte, die den umfassenden Herrschafts- und Regelungsanspruch blockierten, seit den späten vierziger Jahren ihre Autonomie gegenüber der politischen Programmatik und dem Zugriff des SED-Regimes. So wurde das Recht mit der Aufhebung der politischen Gewaltenteilung weitgehend der Herrschaftspolitik untergeordnet. Ebenso zerstörten die politischen Eingriffe der Herrschaftszentrale den Markt als unabhängigen Steuerungsmechanismus wirtschaftlicher Prozesse. Die Planwirtschaft, die seit 1947 in der SBZ bzw. DDR etabliert wurde, zielte auf eine quantitative Steigerung der Produktion durch zentrale Vorgaben, die den Entscheidungsspielraum der Betriebsleitungen – vor allem hinsichtlich der zu erzeugenden Waren und der Preisbildung – einengten oder sogar beseitigten. Auch gesellschaftliche Institutionen wie intermediäre Organisationen (Verbände und Interessengruppen) waren nicht mehr zu eigener Willensbildung imstande. Überdies büßte die Öffentlichkeit gegenüber der übermächtigen politischen Gesellschaftskonstruktion ihre unabhängige Geltungskraft ein. Zudem wurden sozioökonomischen Institutionen wie den Betrieben zunehmend neue Aufgaben übertragen. Diese institutionelle „Fusionierung" (J. Kocka) und die funktionale „Entdifferenzierung" (M. R. Lepsius), die in der Beseitigung des Rechtsstaates besonders deutlich hervortrat, beseitigten gleichermaßen Handlungs- und Rationalitätskriterien, die nicht den politischen Zielen der Machthaber verhaftet waren.

Die soziale Transformation vollzog sich in der SBZ/DDR aber nicht linear, sondern in Schüben, die von den Kurswechseln der politischen Führung ebenso nachhaltig beeinflusst wurden wie von den jeweiligen welt- und deutschlandpolitischen Konstellationen. So traf die Entnazifizierungspolitik der SMAD, die in den ersten Nachkriegsjahren die Enteignung der Gutsbesitzer und die Beschlagnahme industrieller Unternehmen legitimiert hatte, unter den Westalliierten grundsätzlich noch auf Zustimmung. Demgegenüber bekannte sich die SED-Führung um den Parteivorsitzenden Wilhelm Pieck und den mächtigen Walter Ulbricht auf ihrer 1. Parteikonferenz (25.–28. Januar 1949) zur Durchsetzung einer sozialistischen Gesellschaftsordnung. Der sowjetische Diktator Josef W. Stalin hatte damit jedoch sein Ziel, auch die politische Entwicklung Westdeutschlands zu kontrollieren oder zumindest zu beeinflussen, noch nicht aufgegeben. Deshalb konnte Ulbricht den „Aufbau des Sozialismus" in der DDR erst auf der 2. Parteikonferenz der SED (9.–12. Juli 1952) verkünden, nachdem die „Stalin-Noten" und damit die gesamtdeutschen Ambitionen der sowjetischen Führung erkennbar gescheitert waren.

Daraufhin wurde in der DDR nicht nur die bereits begonnene Verstaatlichung der Industrie vorangetrieben, die Kasernierte Volkspolizei (KVP) aufgebaut und die Militarisierung der Gesellschaft – vor allem durch die „Klassenkampf"-Agitation – forciert, sondern auch die Kollektivierung der Landwirtschaft eingeleitet. Restriktive Maßnahmen richteten sich ebenso gegen das private Handwerk und die „Jungen Gemeinden" der Kirchen. Zudem ordnete die SED-Führung die Auflösung der fünf Länder an, aus denen in der DDR 14 Bezirke hervorgingen. Nachdem der Volksaufstand im Juni 1953 Konzessionen und eine Rücknahme der zentralen politischen Steuerung erzwungen hatte, trieb

Entnazifizierung

„Aufbau des Sozialismus"

die SED-Führung nach dem 33. Plenum ihres Zentralkomitees (16.–19. Oktober 1957) und dem V. Parteitag (10.–16. Juli 1958) die Herausbildung der „sozialistischen Gesellschaft" erneut voran. Das Kohle-und Energieprogramm von 1957 und das Chemieprogramm, das im darauf folgenden Jahr verabschiedet wurde, sollten der DDR einen nachhaltigen Entwicklungsvorsprung gegenüber der Bundesrepublik sichern, deren wirtschaftlicher Aufschwung im zweiten deutschen Staat aufmerksam beobachtet wurde. Auf die Erhöhung der Produktion und Produktivität in der Industrie zielte auch die Kampagne zur Bildung von „Brigaden der sozialistischen Arbeit", die 1959 einsetzte. Zugleich wurde die Zentralisierung der Wirtschaftslenkung mit dem Siebenjahrplan (1959–1965) erneut verstärkt. Überdies ordnete die Partei- und Staatsführung 1959 mit dem Konzept des „Bitterfelder Weges" an, die künstlerische Arbeit in die Betriebe zu verlagern. Auch die Durchsetzung der „Jugendweihe" (gegen die Konfirmation) in den späten fünfziger Jahren und der erzwungene Abschluss der Kollektivierung der Landwirtschaft im „sozialistischen Frühling" 1960 zeigten, dass die Machtelite einem Konzept sozioökonomischer Entwicklung verpflichtet war, das auf einer rigiden politischen Steuerung und Kontrolle der gesellschaftlichen Prozesse gründete.

Modernisierung und „sozialistische Menschengemeinschaft"   Die modernistischen Überlegenheitsillusionen erreichten in den sechziger Jahren ihren Höhepunkt. Unter dem Einfluss kybernetischer Modelle, die gesetzmäßige Abläufe der Regelung und Steuerung von Prozessen sowie der Informationsübertragung und -vermittlung behaupteten, sollte der wissenschaftlich-technische Fortschritt in der DDR durch Rationalisierung, Automatisierung und Spezialisierung vorangetrieben werden. Dazu musste der Handlungs- und Entscheidungsspielraum der Branchenverwaltungen und Betriebe nach dem „Neuen Ökonomischen System der Planung und Leitung" (NÖSPL bzw. NÖS), das Ulbricht auf dem VI. Parteitag der SED (15.–21. Januar 1963) verkündete, erweitert werden. Jedoch blieb die Partei- und Staatsführung in der DDR einem harmonistischen Gesellschaftsmodell verhaftet, das eine umfassende politische Regulierung voraussetzte. In der „sozialistischen Menschengemeinschaft", deren Herausbildung bereits auf dem V. Parteitag anvisiert worden war, sollten die Arbeiter als führende Schicht eng mit den Bauern und der „neuen Intelligenz" kooperieren, die aus der Zerschlagung des Bildungsbürgertums hervorgegangen war. Damit ging die Illusion der Machthaber einher, dass soziale Konflikte in der neuen Gesellschaftsordnung stillgelegt werden könnten. Auch die unterstellte Interessenidentität von „Werktätigen" und Funktionären als deren „Avantgarde" nährte die Vision von einer „sozialistischen"

Ordnung ohne soziale Gegensätze, Spannungen und Auseinandersetzungen.

Obgleich die SED-Führung ihre Utopie einer überlegenen Gesellschaftsordnung nach dem Sturz Ulbrichts und dem Aufstieg Erich Honeckers zum 1. Sekretär des ZK auf dem VIII. Parteitag (15.–19. Juni 1971) implizit zurücknahm, gab die Machtelite ihr Konzept einer umfassenden politischen Steuerung und Kontrolle der Gesellschaft im zweiten deutschen Staat auch in den siebziger und achtziger Jahren nicht auf. Unter dem Druck der Mangelwirtschaft und der Diktatur bildeten sich zwar zunehmend informelle Netzwerke, soziale Substrukturen, Gruppen und Bewegungen heraus, die sich dem zentralen Herrschafts- und Regelungsanspruch entzogen; aber erst im Herbst 1989 befreite sich die Gesellschaft der DDR aus der Vormundschaft der Partei- und Staatsführung.

Utopieverlust und neue Mobilisierung

Jedoch hatten die SED-Spitzenfunktionäre die soziale Dynamik schon in den vorangegangenen Jahrzehnten nicht uneingeschränkt kontrollieren können. Auch die Bevölkerungsentwicklung entzog sich vor allem bis zum Mauerbau weitgehend der zentralen Steuerung. So ging die Zahl der Einwohner auf dem Gebiet der DDR nach offiziellen Angaben von 1946 bis 1964 trotz der erzwungenen Zuwanderung von 4,5 Millionen Flüchtlingen und Vertriebenen (bis 1950) von 18,4 auf 17,0 Millionen zurück. Bis 1981 sank die Bevölkerungszahl weiter auf 16,7 Millionen. Insgesamt verließen die DDR von 1949 bis 1990 rund 5,2 Millionen Menschen in Richtung Bundesrepublik.

Grenzen der Gesellschaftspolitik

Flucht

Ebenso konnte die gesellschaftliche Entwicklung nur eingeschränkt politisch reguliert werden. Soziale Strukturen und Beziehungen wiesen vor allem in der Nachkriegszeit eine Beharrungskraft auf, die Traditionsmilieus gegenüber den politischen Eingriffen abschirmte. Auch überlieferte Mentalitäten und Verhaltensformen – z. B. die geschlechtsspezifische Arbeitsteilung – und Vergesellschaftungsformen in kleinen Räumen wie Familien und Freundeskreisen entzogen sich zumindest teilweise der diktatorischen Durchdringung. Zudem bildeten sich in der DDR informelle Beziehungsnetze heraus, die im Alltag die eklatanten Steuerungsmängel des Herrschafts- und Planungsapparates ausglichen. Diese Kompensationsfunktion, die letztlich die staatssozialistische Diktatur stabilisierte, zeigt, dass die Politik der Parteiführung eigendynamische Wirkungen entfaltete, die sich einer vollständigen politischen Steuerung und einer lückenlosen Kontrolle durch den zentralen Herrschaftsapparat entzogen. Letztlich wurden die Machthaber von ihrem eigenen Regelungs- und Gestaltungsanspruch überfordert. Eingriffe verursachten Folgeprobleme, für die jeweils improvisierte

Gesellschaftliche Eigendynamik

Lösungen gefunden werden mussten. Ebenso begrenzten die funktionalen Anforderungen einer arbeitsteiligen Industriegesellschaft die politisch-ideologische Durchdringung der ostdeutschen Gesellschaft. Nicht zuletzt konnte die DDR auch nach der Bildung einer Demarkationslinie an der Grenze zwischen den beiden deutschen Staaten im Mai 1952 und dem Bau der Berliner Mauer im August 1961 nicht restlos von dem Einfluss abgeriegelt werden, den die Bundesrepublik auf die Bevölkerung des zweiten deutschen Staates ausübte. Allerdings stabilisierte die Abgrenzung vom westdeutschen Staat und seiner wirtschaftlich-gesellschaftlichen Ordnung zugleich die DDR.

Soziale Widersprüche
Überhaupt blieb die staatssozialistische Gesellschaft janusköpfig. Unterhalb der durchgreifenden politischen Homogenisierung bildeten sich neue Unterschiede und autonome Bereiche heraus. Die offiziell angeordnete Abschottung vom Westen wurde unterlaufen durch eine Westorientierung, die nicht nur in der Bevölkerung der DDR weit verbreitet war, sondern auch die Partei- und Staatsführung erfasste. Neben den formalen gesellschaftlichen Strukturen entstanden informelle Netzwerke; Fortschrittsorientierung und Fortschrittskritik waren eng miteinander verbunden, und Traditionsabbruch stand neben Traditionsbewahrung. Wie die Entwicklung der Sozialpolitik zeigt, konnte überdies das politische Versorgungssystem das individuelle Selbstinteresse nur partiell bändigen.

2. Sozialpolitik

Ziele und Grundlagen
Der Herausbildung der neuen „sozialistischen" Gesellschaft dienten vor allem sozialpolitische Maßnahmen, mit denen das SED-Regime ihre Trägerschichten gezielt begünstigte. Nicht zuletzt sollten damit Arbeiter, aber auch Bauern und die „neue Intelligenz" als Empfänger staatlicher Leistungen an die politische Führung gebunden werden. Zudem zielte die Sozialpolitik auf die Steigerung der Produktion und Produktivität, die Eingliederung der Erwerbstätigen in die Berufsarbeit und die Einebnung gesellschaftlicher Unterschiede. Mit ihrer Sozialpolitik mussten die Machthaber nicht nur ihr politisches Legitimitätsdefizit ausgleichen, sondern auch die mangelnde Effizienz des Systems der sozialistischen Zentralplanwirtschaft kompensieren. In der „Fürsorgediktatur" (K. H. Jarausch) in der das emanzipatorische Versprechen der Partei- und Staatsführung durch ihre repressive Herrschaftspraxis dementiert wurde, nahm besonders die Alters- und Gesundheitsversor-

gung der „Werktätigen" einen wichtigen Stellenwert ein. Insgesamt war die Bevölkerung der DDR mit einem weit reichenden vormundschaftlichen Anspruch konfrontiert, der auf eine obrigkeitsstaatliche Regulierung der sozialen Beziehungen und eine zentrale Kontrolle der gesellschaftlichen Entwicklung zielte.

Diese Bindung an autoritäre Traditionen staatlicher Reglementierung trat schon früh in der Fürsorgepolitik hervor, mit der in der SBZ die Not der unmittelbaren Nachkriegszeit gelindert werden sollte. Ausgehend von dem Konzept der Einheitsfürsorge, das dem egalitären und harmonistischen Gesellschaftsideal der Machthaber entsprach, wurden die Leistungen und die Organisationsstruktur nivelliert. Nachdem die Unterstützungssätze 1947 erhöht worden waren, erhielten Bedürftige in der SBZ insgesamt höhere Leistungen als Sozialfürsorgeempfänger in Westdeutschland. Jedoch verlangte die SMAD in den späten vierziger Jahren, die schnell gestiegenen Ausgaben zu senken. Daraufhin ordnete das ZK der SED im November 1952 weit reichende Sparmaßnahmen an. Unterstützungsbedürftige ohne ausreichendes eigenes Auskommen wurden verstärkt in Arbeit vermittelt, so dass die Zahl der Leistungsempfänger in den darauf folgenden Jahren deutlich zurückging. Schon bevor die Arbeitspflicht 1961 offiziell eingeführt wurde, drängte die SED-Führung Bedürftige, auf die auch der gesellschaftliche Druck erhöht wurde, zur Aufnahme einer Beschäftigung. Die „Verordnung über die Allgemeine Sozialfürsorge" vom 23. Februar 1956 legte den Vorrang der Arbeitsvermittlung schließlich gesetzlich fest und entzog deshalb Arbeitsfähigen alle Ansprüche auf Leistungen. Zudem wurde die Fürsorgeunterstützung auf einen Höchstbetrag für Familien beschränkt. Vor allem mit der Einsatzpflicht für alle Leistungsempfänger knüpfte die Fürsorgepolitik in der SBZ und frühen DDR letztlich an die repressive Tradition der Armenfürsorge an.

Die Neuordnung der ostdeutschen Sozialversicherung in den ersten Jahren nach dem Zweiten Weltkrieg wurde weitgehend von den deutschlandpolitischen Zielen und den Reparationsansprüchen der SMAD geprägt. Um die Option auf eine Wiedervereinigung Deutschlands unter sowjetischer Hegemonie nicht schon früh zu verstellen, richtete die Besatzungsmacht die angestrebte einheitliche Sozialversicherung 1946 zunächst nur in den einzelnen Ländern und Provinzen der SBZ ein. Erst mit ihrem Befehl Nr. 28 ordnete die SMAD am 28. Januar 1947 den Aufbau einer Einheitssozialversicherung auf zonaler Ebene an. Nach dem Prinzip der Volksversicherung wurden sozialrechtliche Unterschiede beseitigt, die in Deutschland im 19. und frühen 20. Jahrhundert vor allem Arbeiter und Angestellte voneinander ge-

Vereinheitlichung

trennt hatten. Nur Selbstständige mit mehr als fünf Beschäftigten blieben aus der Versicherung ausgeschlossen, ab 1956 auch selbstständige Handwerker und Bauern, die als Restgruppen in die sich herausbildende einheitliche staatssozialistische Gesellschaftsordnung integriert werden sollten. Die Beiträge der Sozialversicherung umfassten ausnahmslos zehn Prozent des monatlichen Bruttoeinkommens der Versicherten. Mit der Vereinheitlichung der Sozialversicherung, der auch Versorgungsaufgaben – so für Kriegsopfer – zugewiesen wurden, mussten die verschiedenen Orts-, Betriebs-, Innungs- und Landkrankenkassen ebenso aufgelöst werden wie die selbstständigen Renten- und Unfallversicherungsträger. Obgleich die Sozialversicherung 1954 von den Gewerkschaften übernommen wurde, entschied sich das SED-Regime gegen eine Beitragszahlung durch die Betriebe (nach sowjetischem Modell). Mit der Durchsetzung des Fürsorge- und Versorgungsprinzips gegenüber dem Versicherungsmodus knüpften die Machthaber in der DDR über den Rekurs auf Konzepte der Arbeiterbewegung und der SPD hinaus letztlich an das Modell der Staatsversicherung an, das Bismarck im späten 19. Jahrhundert mit den Grundsätzen der Zwangsmitgliedschaft und Beitragsfinanzierung errichtet hatte.

Vergünstigungen für einzelne Gruppen

Jedoch schränkten Vergünstigungen für einzelne Berufsgruppen und Funktionäre schon früh die egalitäre Ausrichtung der Sozialversicherung ein. Diese Privilegierung sollte nicht nur die Träger des SED-Regimes politisch an die Machthaber binden, sondern auch funktionalen Erfordernissen wie der Steigerung der Produktion gerecht werden. Schon im Dezember 1946 wurden Sonderrechte für Bergarbeiter fortgeschrieben, weil diese Gruppe für den wirtschaftlichen Wiederaufbau unabdingbar war. Weitaus bedeutender war aber die Zusatzversorgung, deren Aufbau die SED-Führung ab 1949 anordnete. Damit verbesserte sich die Altersversorgung führender Techniker, Künstler und Intellektueller, die als loyale Träger der neuen politischen Ordnung gewonnen werden sollten. Nachdem das Sekretariat des Zentralkomitees der SED diesen Berufsgruppen zunächst lediglich Ehrenpensionen und Zusatzrenten gewährt hatte, gestand es der „neuen Intelligenz" 1951 sogar eine eigenständige Altersversorgung zu, die freilich individuell zugewiesen wurde. Mitte der fünfziger Jahre konnten auch Arbeiter und Angestellte in den wichtigsten Volkseigenen Betrieben (VEB), die 1948 zu zonalen, nach Branchen gegliederten „Vereinigungen Volkseigener Betriebe" (VVB) zusammengeschlossen worden waren, eine Zusatzrentenversorgung beantragen. Darüber hinaus privilegierten Sonderregelungen leitende Staats- und Parteifunktionäre, Angehörige der Volkspolizei, der Nationalen Volksarmee (NVA) und Mitarbeiter des Ministeriums für Staatssicherheit (MfS). Weitere Versorgungsleistungen begünstigten nicht nur Opfer des Nationalsozialismus, sondern – ab 1974 – auch Mitglieder von Betriebskampfgruppen und deren Hinterbliebene. Bis 1989 bildeten sich in der DDR vier selbstständige Sonderversorgungssysteme und 27 Zusatzversorgungssysteme heraus, in denen rund 1,6 Millionen Personen über Anwartschaften verfügten. Insgesamt wurde die Egalitätsdoktrin von den Zielen überlagert, sektorale politische Eliten und Experten, deren Fachwissen unabdingbar war, an das SED-Regime zu binden und die Arbeitsproduktivität im zweiten deutschen Staat zu steigern.

Wichtige sozialpolitische Leistungen vergaben in der DDR Betriebe, denen bereits der SMAD-Befehl Nr. 234 vom 9. Oktober 1947 auferlegte, ihre Beschäftigten mit Industriewaren und warmem Essen zu versorgen. In den späten vierziger Jahren wurden zumindest in den großen staatlichen Betrieben (VEB und Sozialistische Aktiengesellschaften) Werkküchen, Kindertagesstätten, Nähstuben, Reparaturwerkstätten und Ambulatorien eingerichtet, um durch Leistungsanreize die Arbeitsproduktivität der Beschäftigten zu erhöhen. Auch in den darauf folgenden Jahrzehnten oblag den Betrieben, die produktive und distributive Funktionen verbanden, die Zuteilung einzelner sozialpolitischer Leistungen. Betriebliche Leistungen

Die staatliche Sozialpolitik gewährte den Ostdeutschen zwar Schutz im Falle von Krankheit, Armut und Beschäftigungslosigkeit, förderte aber auch die Entstehung neuer gesellschaftlicher Unterschiede. Da die Betriebe zu sozialpolitischen Verteilungsinstanzen und der Freie Deutsche Gewerkschaftsbund (FDGB) zur „Implementationsbürokratie" (H. G. Hockerts) von Sozialleistungen wurden, bildete sich eine Kluft zwischen Berufstätigen und Rentnern heraus. Abgesehen von dem relativ geringen Altersruhegeld wurden Pensionäre vor allem bei der Kranken- und Wohnungsversorgung benachteiligt, die weitgehend die Betriebe gewährten, oft um Arbeitskräfte zu gewinnen und zu binden. In der ostdeutschen Arbeitsgesellschaft blieben die Unterstützungsleistungen für die alte Generation deshalb sogar hinter den Hilfen für Kinder und Jugendliche zurück. Besonders ältere Frauen verfügten lediglich über die geringen Mindestrenten. Die Benachteiligung der Pensionäre wurde auch durch die Reiseerlaubnis, die ihnen seit den siebziger Jahren gewährt wurde, nicht kompensiert. Außer der Fixierung auf Erwerbsarbeit als Kriterium der Vergabe sozialpolitischer Leistungen förderte die intergenerationelle Umverteilung in der DDR damit die Herausbildung neuer gesellschaftlicher Unterschiede. Neue gesellschaftliche Unterschiede

Nachdem der neue Parteivorsitzende Erich Honecker 1971 die Steigerung des Lebensstandards in der DDR zur politischen „Hauptauf- Erweiterung gabe" erklärt hatte, expandierte das Sozialleistungssystem kräftig. Hohe Investitionen förderten besonders den Wohnungsbau, aber auch die Gesundheitsfürsorge und die Familiengründung. Im Rahmen der 1976 proklamierten „Einheit von Wirtschafts- und Sozialpolitik" wurde darüber hinaus die Grundversorgung subventioniert, so dass die Preise für Produkte wie Brot und Wohnraum niedrig blieben. So galten seit 1972 in der DDR Einheitsmieten. Sozialleistungen wurden unabhängig von der Bedürftigkeit der Empfänger und der volkswirtschaftlichen Leistungsfähigkeit gewährt. Damit wuchsen die Kosten rapide. Der „Aufstieg der Sozialpolitik zur zentralen Legitimationsquelle" (H. G. Hockerts) des SED-Regimes trug in den siebziger und achtziger Jahren deshalb maßgeblich zu der schnellen Zunahme der Auslandsverschuldung und zu dem deutlichen Rückgang der Investitionen in die Produktionsanlagen bei. Da das Warenangebot deutlich hinter dem Einkommenszuwachs zurückblieb, verursachten die sozialpolitischen Leistungen letztlich einen wachsenden Kaufkraftüberhang, der die Unzufriedenheit in der Bevölkerung steigerte. Die herrschende Partei konnte sich dem Erwartungsdruck, den sie mit ihrer Politik selber hervorgerufen hatte, nicht mehr entziehen.

Individuelle Lebensführung

Die individuelle Nutzung sozialpolitischer Maßnahmen folgte keineswegs durchweg den politischen Zielen der Machthaber, sondern auch den Interessen der jeweils Begünstigten. So bezogen junge Paare oft eine gemeinsame Wohnung oder sie gründeten eine Familie, um staatliche Vergünstigungen zu erhalten. Demgegenüber nahm die Kinderzahl in den Familien nicht zu. Überdies standen dem Konzept der „sozialistischen Familie" mit erwerbstätigen Frauen überkommene Einstellungen zu Partnerschaft und geschlechtsspezifischer Arbeitsteilung entgegen. Auch steigerten die sozialpolitischen Leistungen für allein stehende Mütter – entgegen den Absichten und Erwartungen der politischen Führung – die Zahl der Scheidungen und unehelichen Geburten. Das individuelle Verhalten und die Aneignung sozialer Leistungen in Familien konnten nur begrenzt von außen gesteuert werden. Dennoch beeinflussten staatliche Handlungsanreize seit den sechziger Jahren zunehmend die Lebensverläufe, während der Stellenwert von Gewalt, Zwang und Unterdrückung abnahm. Auch in der DDR musste die Staats- und Parteiführung individuellen Interessen und Lebenskonzepten Rechnung tragen.

Zielkonflikte

Letztlich spiegelte sich in der Sozialpolitik des SED-Regimes der Konflikt zwischen den Zielen wider, einerseits die wirtschaftliche, technische und administrative Effizienz zu steigern und die Bevölkerung politisch an das Regime zu binden, andererseits aber auch eingeschliffene gesellschaftliche Unterschiede zu beseitigen. Die beträchtlichen sozialpolitischen Leistungen verbesserten zwar erheblich die Alters-, Gesundheits- und Wohnungsversorgung und sie erleichterten die Vereinbarkeit von Beruf und Mutterschaft; trotz dieser Erfolge und der Beseitigung von Besitz und Vermögen als Kriterien sozialer Ungleichheit vereinheitlichten sich die Lebensverhältnisse in der DDR jedoch keineswegs. Vielmehr verfestigte die SED-Sozialpolitik lebenszyklische Unterschiede und einzelne Einrichtungen – so Sonderbereiche in Krankenhäusern – standen ausschließlich privilegierten Personengruppen zur Verfügung. Politische Eingriffe bildeten aber nicht nur neue gesellschaftliche Unterschiede heraus, sondern vermochten auch bestehende Formen sozialer Ungleichheiten nicht durchweg zu beseitigen. Allerdings blieb das Ausmaß der sozialen Ungleichheit im Vergleich zu westlichen Staaten mit repräsentativen politischen Ordnungen und kapitalistischen Marktwirtschaften begrenzt. Mit der weit reichenden Utopie einer egalitären Gesellschaft hatte das SED-Regime aber selber einen so hohen Maßstab gesetzt, dass gesellschaftliche Unterschiede und Strategien individueller Distinktion politisch brisant wurden. Die Sozialpolitik sollte in der DDR jedoch nicht nur die fehlende politische Legitimation durch demokratische Mitbestimmung ausgleichen, sondern auch die mangelnde Effizienz der Zentralplanwirtschaft. Sozialpolitische Maßnahmen wurden deshalb an Erwerbstätigkeit gebunden und auf das Arbeitsverhältnis abgestellt.

3. Arbeit, Betrieb und Gewerkschaften

Die Fixierung auf Arbeit als „Vergesellschaftungskern" (M. Kohli) des ostdeutschen Staatssozialismus war aber schon in der Programmatik der kommunistischen Führung angelegt. Arbeit galt als wichtigstes Mittel zur Entwicklung und Entfaltung der Persönlichkeit. Aber auch wegen des Zwanges, einen schnellen wirtschaftlichen Wiederaufbau zu erreichen, wurden Aufbauwille und herausragende Arbeitsleistungen in der Propaganda des SED-Regimes systematisch heroisiert. So erklärte die Parteiführung „Aktivisten" wie den Bergmann Adolf Hennecke, der am 13. Oktober 1948 seine für diesen Tag festgelegte Arbeitsnorm um 387 Prozent übertraf, zu gesellschaftlichen Vorbildern. Seit der „Aktivisten"-Bewegung, mit der in den späten vierziger Jahren (nach dem sowjetischen Vorbild der „Stachanow-Bewegung") die Produktivität gesteigert werden sollte, wurden Höchstleistungen mit einem breit ge-

Stellenwert von Arbeit und Betrieben

fächerten Spektrum materieller Zuwendungen und Auszeichnungen belohnt, die z.B. „Helden der Arbeit", „Verdienten Aktivisten", „Verdienten Meistern" und „Meisterbauern der genossenschaftlichen Produktion" verliehen wurden.

Das proletarische Tüchtigkeitsideal erfasste auch Frauen, die als „Trümmerfrauen" zu Leitbildern des Aufbaus in der Nachkriegszeit wurden, seit den fünfziger Jahren in traditionell männlich dominierte Berufe vordrangen und zudem als politisch und gesellschaftlich engagierte „Mitgestalterinnen des Sozialismus" gewonnen werden sollten. Frühere Beschäftigte blieben als „Veteranen" auch nach dem Ende ihrer Berufstätigkeit in ihre Betriebe eingebunden. Das selbstbewusste Bekenntnis zur Berufsarbeit und zur Herkunft aus der Arbeiterschaft spiegelte zwar die offizielle Staatsideologie in der DDR wider, reflektierte aber ebenso Selbstwahrnehmungen der Erwerbstätigen sowie Prozesse und konkrete Erfahrungen intra- und intergenerationellen Aufstiegs. In einer Gesellschaft, in der die Verfügung über Geld und Eigentum so wenig wie der Transfer von Kapital in Familien soziale Ungleichheit begründete, nahm Erwerbsarbeit einen zentralen Stellenwert für die Statuszuweisung und Mobilität ein.

Hohe Erwerbstätigkeit Auch wegen der hohen Erwerbsquote (Anteil der Erwerbstätigen an der Wohnbevölkerung), die von 1949 bis 1980 von 41 auf 52 Prozent stieg und 1983 56,3 Prozent (Bundesrepublik: 44,7 Prozent) betrug, kann die DDR als „Arbeitsgesellschaft" (M. Kohli) gekennzeichnet werden. Berufstätigkeit war in der DDR erheblich weiter verbreitet als in der Bundesrepublik; allerdings ist der Abstand zu Frankreich weniger signifikant.

Weibliche Erwerbstätigkeit Dies betrifft nicht zuletzt die weibliche Erwerbstätigkeit. Da jedoch Einrichtungen, die Frauen bei der Erziehung der Kinder und der Hausarbeit entlasteten, in den fünfziger Jahren nur begrenzt zur Verfügung standen, schied eine Vollbeschäftigung für Mütter weitgehend aus. Partei- und Gewerkschaftsfunktionäre bekannten sich in den fünfziger Jahren deshalb zur Halbtagsarbeit, die auch Hausfrauen und Müttern eine Erwerbstätigkeit ermöglichen sollte. In den frühen sechziger Jahren lehnte die SED-Führung die Teilzeitarbeit jedoch als „berufliche Einstiegshilfe" ab. Als Kindergärten und -krippen zunehmend Plätze zur Unterbringung anboten und moderne Geräte wie Waschmaschinen die Arbeit im Haushalt erleichterten, wurde die weibliche Vollerwerbstätigkeit vielmehr zum Leitbild der Berufsarbeit von Frauen.

Erwerbsquote 1989 1989 waren in der DDR deshalb nach offiziellen Angaben 91 Prozent der Frauen im arbeitsfähigen Alter erwerbstätig, in der Bundesrepublik dagegen nur 55 Prozent. Die Erwerbsquoten von Frauen und

Männern zwischen 25 und 50 Jahren unterschieden sich in der DDR nur noch geringfügig. Im Vergleich zu westlichen Industriegesellschaften kennzeichnete den zweiten deutschen Staat aber nicht nur die Einbeziehung von Frauen in die Berufsarbeit, sondern auch die Erwerbstätigkeit von Rentnern. Insgesamt wurde 1989 in der DDR für die Bevölkerung von 15 bis 64 Jahren eine Erwerbsquote von 90 Prozent erreicht. Das hohe Beschäftigtenniveau entsprach nicht nur der Programmatik eines Regimes, dessen Spitzenfunktionäre dem proletarischen Tüchtigkeitsideal huldigten, sondern war vor allem dem chronischen Arbeitskräftemangel geschuldet. Da die Produktivität in der Wirtschaft der DDR relativ gering blieb und Arbeitskräfte im Rahmen der Zentralplanwirtschaft zugewiesen wurden, rekrutierten Betriebsleitungen oft nicht unmittelbar benötigte Beschäftigte, um eine Erzeugung zu sichern, die den Planauflagen entsprach. Geringe Löhne und Renten bildeten auch für die Erwerbstätigen einen Anreiz zu beruflicher Arbeit.

Das persönliche Einkommen wurde weitgehend aus Erwerbsarbeit bezogen. Die Betriebe waren in der DDR aber nicht nur Orte der Produktion und Berufsarbeit, die mit Löhnen, Prämien und anderen Zuwendungen entgolten wurde. Vielmehr vermittelten sie auch den Zugang zu Dienstleistungen und Versorgungsgütern wie Wohnungen und Urlaubsplätzen. Betriebsleitungen entschieden über berufliche Karrieren und unterhielten zahlreiche soziale Einrichtungen wie Kindergärten und -krippen, Ferienheime und Schulen. Zudem förderten Betriebe Freizeitgruppen und die berufliche Weiterbildung. Auch die Kulturarbeit und die Leistungen für die kommunale Infrastruktur waren bedeutend. Darüber hinaus konzentrierten sich die politische Arbeit der SED, die Wohlfahrtsfürsorge der Volkssolidarität und die Aktivität des FDGB auf die einzelnen Betriebe, nicht aber auf die Wohnorte. Die Betriebe wurden deshalb schon in den fünfziger Jahren „Filialen des Staates" (P. Hübner). Demgegenüber waren die Gemeinden als politische Instanzen im ostdeutschen Staatssozialismus bedeutungslos.

Aber nicht nur das gesellschaftliche Beziehungsgefüge, sondern auch das persönliche Leben war in der DDR seit den fünfziger Jahren weitgehend auf die Betriebe bezogen. Obgleich die Erwerbstätigkeit über gesellschaftliche Ungleichheit entschied, war die soziale Differenzierung an den Arbeitsplätzen nur schwach ausgeprägt. Auch wegen der geringen Distanz zwischen den Erwerbstätigen und ihren unmittelbaren Vorgesetzten, der schwach ausgeprägten Leistungsdifferenzierung und der fehlenden Konkurrenz um Arbeitsplätze in einer Gesellschaft mit Vollbeschäftigung vermittelten Betriebe ihren Belegschaften den – weithin geschätzten – Eindruck sozialer Nähe. Mit ihrer Arbeits-

Multifunktionalität der Betriebe

„Kollektive" in den Betrieben

kraft, die für die Erfüllung der Produktionspläne benötigt wurde, verfügten die Beschäftigten über eine Ressource, die ihnen Selbstbewusst-
sein und eine beträchtliche Verhandlungsmacht auch gegenüber Partei-
und Gewerkschaftsfunktionären vermittelte. Im „Kollektiv" der einzelnen Belegschaften sollten sogar Eheprobleme gelöst und Maßnahmen
zur Resozialisierung beschlossen werden. Nicht zuletzt gewann der Betrieb als Lebenswelt in der DDR seinen spezifischen Stellenwert, indem
knappe Waren in den sozialen Beziehungsnetzen der Belegschaften bezogen und getauscht werden konnten.

Arbeitsbrigaden   In den Betrieben waren die Beziehungen zwischen den „Werktätigen" in den Brigaden besonders eng, deren Bildung der FDGB im März
1950 erstmals organisierte. Diese Arbeitsgruppen, die an die „Aktivisten"-Bewegung der späten vierziger Jahre anknüpften und die 1949 gegründeten „Qualitätsbrigaden" erweiterten, sollten aber letztlich von
den Beschäftigten selber organisiert werden. Sie mussten auch Verträge
mit den Leitungen der VEB und den Betriebsgewerkschaftsleitungen
(BGL) abschließen. In diesen „Kampfprogrammen" verpflichteten sich
die Mitglieder der Brigaden zur Erfüllung von Arbeitsleistungen und
Produktionsplänen. Überdies oblag den Angehörigen der Brigaden die
Wahl des Arbeitsgruppenleiters (Brigadiers). Nachdem sich Mitte der
fünfziger Jahre bereits rund die Hälfte der Industriearbeiter in Arbeitsbrigaden zusammengeschlossen hatten, proklamierte die Führung des
FDGB 1959 schließlich die Gründung von „Brigaden der sozialistischen Arbeit", die seit März 1962 offiziell als „Kollektive der sozialistischen Arbeit" bezeichnet wurden. Über die zugesagten Arbeits- und
Produktionsleistungen hinaus übernahmen diese Brigaden Qualifizie-
rungsaufgaben und gesellschaftliche Verpflichtungen, so zur Unterstützung von Schulen. Nach einem Rückgang in den sechziger Jahren waren 1971 zwei Drittel der Beschäftigten „volkseigener" Industriebetriebe in Brigaden organisiert, 1988 sogar 84 Prozent. Die Brigaden
sollten den Zusammenschluss der „Werktätigen" fördern, die Abhängigkeit der Entlohnung von der individuellen Arbeitsleistung verdeutli-
chen und damit vor allem die Produktivität der „Werktätigen" steigern.

Arbeitsnormen   Die Arbeitsbrigaden gewannen in den frühen fünfziger Jahren in
und Aushandlungs- den Betrieben beträchtliche Handlungsspielräume, besonders gegen-
prozesse über den Meistern, die einen erheblichen Statusverlust hinnehmen
mussten. Die Arbeitsnormen konnten mit den Betriebsleitungen ausgehandelt werden, so dass die festgelegten Arbeitsleistungen leicht erfüll-
bar waren. Nachdem die von der SED-Führung zentral angeordnete
pauschale Erhöhung der Normen um 10 Prozent im Juni 1953 den Aufstand der Bauarbeiter ausgelöst hatte, war der Handlungsspielraum der

Betriebsleitungen begrenzt. Die Steigerung der Normen musste deshalb weitestgehend an Lohnerhöhungen gekoppelt werden. Daneben wurden aber vor allem in der Metall verarbeitenden Industrie Normen unabhängig von den Löhnen ausgehandelt. Die Kompromisse zwischen Betriebsleitungen und Belegschaften spiegelten sich in „weichen" Normen wider, die den Mitgliedern der Brigaden eine Steigerung ihrer Einkommen ohne entsprechende Leistungssteigerung verschafften. Wettbewerbskampagnen wie das „Produktionsaufgebot", mit dem der FDGB 1961 zur Erhöhung großzügig kalkulierter Normen („Normenpolster") aufrief, scheiterten deshalb an der Obstruktion der Belegschaften. Mehrarbeit war in den Brigaden nur durchsetzbar, wenn zugleich die Löhne erhöht und die Versorgung verbessert wurde. Da die Beschäftigten Arbeitsleistungen zurückhalten und verweigern konnten, bildeten sich in den Betrieben soziale Arrangements heraus, die auf dem Nachfrageüberhang bei Arbeitskräften gründeten, aber durch externe Eingriffe übergeordneter Herrschaftsapparate oft schnell zerfielen.

Brigadetagebücher offenbaren den ökonomischen und politischen Verpflichtungsdruck einerseits und das Gemeinschaftserlebnis andererseits. Mitglieder von Brigaden versprachen, die Erzeugung zu steigern, dazu „Wettbewerbe" durchzuführen, sparsam mit Produktionsmitteln umzugehen und an Schulungen teilzunehmen. Oft sagten sie überdies zu, nach „Leistungslöhnen" zu arbeiten, die nach dem SMAD-Befehl Nr. 234 vom 9. Oktober 1947 bereits in der SBZ propagiert worden waren, jedoch die starken Vorbehalte der Arbeiterschaft gegen Akkordlöhne nicht beseitigt hatten. In den Tagebüchern finden sich ebenso politische Resolutionen und Berichte über kulturelle Veranstaltungen, Sport und Geselligkeit. Auch aus Veranstaltungen, die „von oben" verordnet worden waren, ging durchaus private Geselligkeit hervor. Persönliche Beziehungen und soziale Netzwerke vermittelten den Brigaden ihren Zusammenhalt, der noch im Rückblick nach dem Ende der DDR vielfach identitätsstiftend gewirkt hat. Nicht zuletzt bildeten Brigaden durchweg ein wichtiges Forum zur Artikulation von Missständen und Alltagssorgen. Die Interessenkonflikte, die sich zwischen Arbeitsbrigaden und Werkleitungen über die Festsetzung von Normen und Löhnen, die Arbeitsorganisation und die personelle Zusammensetzung von Brigaden verschärften, konnten die Brigadiers aber nicht lösen.

Auch Meister, Sekretäre von Betriebsparteiorganisationen (BPO) der SED, Vorsitzende von BGL und Vertrauensmänner des FDGB mussten schwierige und undankbare Vermittlungsaufgaben übernehmen, weil die Werkleitungen und Belegschaften zwar auf eine Beile-

Vergesellschaftung in Brigaden

Proteste in Betrieben

gung von Auseinandersetzungen in den Betrieben drängten, hier aber institutionalisierte Formen der Konfliktlösung und Mitwirkung fehlten. Der anhaltende Streit über Löhne, Normen und Arbeitszeiten löste in den Betrieben deshalb auch nach dem Juni 1953 wiederholt Streiks und Proteste aus.

Politische Funktionalisierung der Gewerkschaften

Die SMAD hatte zwar im Sommer 1945 die Bildung von Landes- bzw. Provinzialverbänden der Gewerkschaften und im Februar 1946 die Gründung des FDGB als Dachverband zugelassen, der eine erneute Zersplitterung in verschiedene Richtungsgewerkschaften verhindern sollte. Der neue gewerkschaftliche Zusammenschluss verlor aber schon 1947/48 seine Funktion als Interessenvertretung der Arbeiterschaft, als die SED-Führung ihn zum Instrument ihrer politischen und wirtschaftlichen Ziele herabstufte. Wie die Kampagne gegen das „Nurgewerkschaftlertum" zeigte, sollte der FDGB nunmehr ausschließlich die „Werktätigen" an die sich herausbildende kommunistische Diktatur binden und zum Wachstum der Produktion und Produktivität beitragen. Abweichende Meinungen, die innerhalb des FDGB vor allem noch sozialdemokratisch orientierte Gruppen und Funktionäre – so zur Einführung von „Leistungslöhnen" – vertraten, wurden rigoros unterdrückt. Die Beschlüsse der „Bitterfelder Konferenz" des FDGB vom 25./26. November 1948 entzogen den Gewerkschaften schließlich vollends ihre Funktion, die materiellen und sozialen Interessen der Arbeiter und Angestellten gegenüber den Betriebsleitungen zu vertreten. Auf Druck der SED-Führung ordnete der Bundesvorstand des FDGB schließlich sogar an, die Betriebsräte aufzulösen und durch Betriebsgewerkschaftsleitungen zu ersetzen. Die BGL waren dem Bundesvorstand des FDGB unterstellt und mussten seinen Anweisungen folgen, die im Wesentlichen auf die Durchsetzung des Leistungsprinzips zielten, um die hohen Produktionspläne zu erfüllen.

Kampagne für „Betriebskollektivverträge"

Schließlich leitete der Bundesvorstand des staatlichen Gewerkschaftsverbandes eine Kampagne für „Betriebskollektivverträge" ein, die nach einem Beschluss des Ministerrates der DDR vom 15. Februar 1951 in den VEB abgeschlossen werden sollten. Diese Verträge verschlechterten die Arbeitsbedingungen, so dass 1951/52 Belegschaften in vielen Großbetrieben ihre Zustimmung verweigerten. Indem sie sich Zumutungen des Regimes entzogen – z. B. durch einen Arbeitsplatzwechsel –, vermieden Arbeiter offene Konflikte und gewalttätige Ausschreitungen. Jedoch war mit der engen Integration der Gewerkschaften in die sich etablierende staatssozialistische Diktatur eine wichtige Institution entfallen, welche die Artikulation von Unzufriedenheit ermöglicht und kanalisiert hatte.

Eine Initiative der SED-Führung, diesen Verlust 1956/57 durch die Bildung von „Arbeiterkomitees" auszugleichen und damit in der DDR zugleich die Unruhe nach der offenen Kritik am Stalin-Kult auf dem XX. Parteitag der KPdSU (15.–25. Februar 1956) beizulegen, traf in vielen Betrieben auf den Widerstand der Funktionäre des FDGB. Ebenso wenig konnten die „Konfliktkommissionen", die 1952 zuerst in der Sowjetischen Aktiengesellschaft (SAG) Wismut eingerichtet wurden, unabhängige Gewerkschaften und Betriebsräte ersetzen. Verzerrungen im Lohnsystem hatten bis zu den frühen siebziger Jahren bewirkt, dass sogar die Tariflöhne qualifizierter Facharbeiter unter das Mindestniveau fielen. BPO und Abteilungsparteiorganisationen der SED versuchten, die daraus resultierenden Konflikte in den Betrieben zu entschärfen.

„Arbeiterkomitees" und „Konfliktkommissionen"

Angesichts der Drohung mit Repression nahmen Arbeiter zu individuellen Abwehrstrategien wie dem Wechsel des Arbeitsplatzes Zuflucht. Die Fluktuation, die sich daraus in den Betrieben ergab, sollte in den späten fünfziger Jahren durch die Einführung von Arbeitsgesetzbüchern eingedämmt werden. Auch Sonderschichten, die Einführung des Drei- und Vier-Schicht-Systems und die abrupte Abkehr von der „gleitenden Arbeitszeit" lösten in den siebziger Jahren in den Betrieben Unruhe aus. Innerbetriebliche informelle Arrangements wurden durch diese Konflikte erheblich belastet, zumal die Vertrauensmänner des FDGB zwar bemüht waren, in den Belegschaften soziale Sicherheit und Gleichbehandlung zu gewährleisten, aber keine unabhängige Position gewannen, die über ihre „Pufferfunktion" (R. Hürtgen) hinausreichte. Insgesamt belastete die Spannung zwischen den Funktionen der Mobilisierung und der Interessenvertretung im ostdeutschen Staatssozialismus dauerhaft die Arbeit der Gewerkschaftsfunktionäre.

Abweichendes Verhalten in Betrieben

Die Gewerkschaften hatten in der SED-Diktatur ihre Autorität und das Vertrauen ihrer Mitglieder weitgehend verloren. Konflikte wurden in den Betrieben deshalb kaum durch übergeordnete Funktionäre des FDGB geregelt, sondern durch informelle, oft improvisierte Arrangements zwischen Betriebsleitungen, „Arbeitskollektiven" oder Brigaden gelöst. Betriebs- und gruppenbezogene Ziele ersetzten dabei die übergeordneten und abstrakten politischen und gesellschaftlichen Visionen, die von den Führungen der SED und des FDGB propagiert wurden. Diese Kluft zwischen der offiziellen Ideologie und der Alltagserfahrung konnte bis zum Ende der DDR nicht geschlossen werden. Vielmehr durchdrangen die sozialen Beziehungen in den Betrieben wegen ihrer Multifunktionalität zunehmend die Gesellschaft der DDR. Im zweiten deutschen Staat vollzog sich eine „Verbetrieblichung" (P. Hübner) des sozialen Lebens.

Arrangements

4. Freizeit, Alltagskultur und Konsum

Ziele In der Freizeitgestaltung, im Alltag und in der Sphäre des Warenkonsums bildete sich in der DDR ein vielschichtiges Spannungsverhältnis zwischen überlieferten Formen und Konventionen, ideologisch-politischer Überformung und neuen Stilen heraus. Gegenüber dem Egalitäts- und Uniformitätsideal nahm das Streben der Bevölkerung nach Individualität, gegenseitiger Abgrenzung und Distinktion zu. Die Wahrnehmung und Aneignung des Angebotes an Waren und Dienstleistungen zur Freizeitgestaltung, Weiterqualifikation und Unterhaltung konnte letztlich nicht politisch kontrolliert werden. Die herrschende Partei- und Staatsführung strebte in der DDR nach der Aufhebung des Gegensatzes von Arbeit und Freizeit. Das Ideal des einheitlichen, schöpferischen Menschen und die Produktivitätsorientierung förderten die Verlagerung von Freizeitaktivitäten in die Betriebe, die Sport- und Volkskunstgruppen unterhielten, Reisen organisierten und separate Kultureinrichtungen unterstützten. Freizeit sollte vor allem zur Erhaltung oder Regeneration der Arbeitskraft genutzt werden.

Konzepte und ihre Folgen Auf diesen Zielen, die Traditionen der Arbeiterbewegung fortschrieben, gründete das Konzept des Sozialtourismus, das staatlich organisierte Urlaubsreisen vorsah. Die Entprivatisierung der Freizeit ging mit der Reprivatisierung der Berufsarbeit einher, deren Leistungsziel von sozialen und kulturellen Aspekten überlagert wurde. „Arbeitskollektive" wirkten als individuelle Entlastung und Solidarnetze, aber auch als Kontrollorgane. Persönliche Beziehungen, die auf betrieblichen Gemeinschaften gründeten, steuerten auch den Austausch knapper Güter, die nicht nur für die Freizeitgestaltung benötigt wurden, sondern auch die Familieneinkommen steigerten. So bildete sich eine berufsnahe Tauschwirtschaft heraus, die im Bereich der bäuerlichen Kleinproduktion sogar offiziell gefördert und in die staatliche Wirtschaftsplanung aufgenommen wurde. Demgegenüber fehlte in der DDR ein Markt für Freizeitgüter und -dienstleistungen.

Alltagskultur in der Nachkriegszeit In der Nachkriegszeit musste ohnehin vorrangig das Überleben gesichert werden. Für Aktivitäten, die nicht auf den Erwerb von Waren zielten, standen deshalb kaum Zeit und Geld zur Verfügung. Dennoch waren Kinos und die Aufführungen des „Landfilms" (in Dörfern) beliebt. Zudem wurden Feste besucht, Familienfeiern ausgerichtet, Ausflüge unternommen und Gartenarbeiten erledigt. An den Feierabenden organisierten darüber hinaus Vereine, die zunächst vielfach noch an die Kirchen gebunden waren und oft ganze Familien anzogen, ein breites

Spektrum geselliger Veranstaltungen. Schließlich wurde freie Zeit für die berufliche Weiterbildung und politische Veranstaltungen genutzt. Nicht zuletzt mussten Arbeitsleistungen für gesellschaftliche Organisationen wie das „Nationale Aufbauwerk" oder die „Volkssolidarität" erbracht werden.

Eine Freizeitkultur entstand in der DDR erst in den späten fünfziger Jahren. Nachdem die drückende Not der Nachkriegszeit überwunden und 1958 die Lebensmittelrationierung aufgehoben war, standen zunehmend Geld, Zeit und Waren für Freizeitaktivitäten zur Verfügung. Während in der Nachkriegszeit noch fast ausschließlich Radio gehört wurde, verbreitete sich in den sechziger Jahren das Fernsehen in privaten Haushalten, deren Ausstattungsgrad mit diesen Geräten von 16,7 auf 69,1 Prozent zunahm. Auch andere langlebige Konsumgüter wurden erworben. So verfügten in der DDR 1960 erst 6,1 Prozent der Haushalte über Kühlschränke, 1970 aber bereits 56,4 Prozent. Auch bei Waschmaschinen wuchs der Ausstattungsgrad in diesem Jahrzehnt sprunghaft von 6,2 auf 53,6 Prozent und bei Personenkraftwagen von 3,2 auf 15,6 Prozent. Als Mitte der sechziger Jahre die fünftägige Arbeitswoche eingeführt und der Jahresurlaub auf drei Wochen verlängert wurde, konnte sich ein gesonderter Freizeitbereich herausbilden. Sogar für längere Ausflugsfahrten standen nun Zeit und Geld zur Verfügung. Außer dem FDGB weiteten daraufhin auch Massenorganisationen wie der „Kulturbund der DDR" und die „Gesellschaft für Deutsch-Sowjetische Freundschaft" ihren Feriendienst aus.

Freizeitkultur in den 1950er und 1960er Jahren

Allerdings musste die Mehrheit der „Werktätigen" im zweiten deutschen Staat noch in den achtziger Jahren wöchentlich fast 44 Stunden arbeiten. Zudem stieg der Druck auf die Frauen durch ihre zunehmende Berufstätigkeit, die zu einer Mehrfachbelastung führte. Obgleich sich die Hausarbeitszeit von 1974 bis 1990 um etwa ein Fünftel verringerte, beanspruchten die Kindererziehung und die Unterhaltung der Wohnungen weiterhin viel Energie. Die arbeitsfreie Zeit wurde überwiegend mit Schlafen, Einkaufen, Hausarbeit, der Betreuung von Kindern und der Zubereitung des Essens verbracht. Männer und Frauen nutzten die ihnen verbliebene Freizeit in den siebziger und achtziger Jahren zunehmend für aktive, privat organisierte Formen der Erholung wie Wanderausflüge am Wochenende und Camping-Urlaub. Mit der Abnahme der staatlichen Reglementierung bot die Freizeit überdies zunehmend Gelegenheiten, individuelle Lebensstile zu entwickeln. Zur Differenzierung der Freizeitkultur trugen auch Reisestile bei, die seit den siebziger Jahren sogar im staatlich organisierten Tourismus deutlicher das jeweilige Ansehen und Selbstbild der Touristen widerspiegel-

Hausarbeit, Kindererziehung und Freizeitgestaltung

ten. Vor allem mit Auslandsreisen konnte man sich von Urlaubern absetzen, die in der DDR blieben.

Familie und Partnerschaften

Viel Freizeit wurde aber auch in Familien verbracht. Neben dem „Arbeitskollektiv" blieben in der DDR die Familien die wichtigsten Bezugsräume des Alltagslebens. Trotz der rapide wachsenden Scheidungsquote – 1989 hatten geschiedene Ehen durchschnittlich nur rund neun Jahre gehalten (in der Bundesrepublik etwa 12 Jahre) – blieb der Stellenwert der Familie als Rückzugsort und Raum individueller Reproduktion ungebrochen. Das familiäre Leben diente aber nicht nur der Erholung, sondern bot auch Orientierung. Da die Lebensläufe nach dem Ende der Aufbauphase seit den sechziger Jahren zunehmend geplant waren, trafen Jugendliche früh Entscheidungen über ihre Berufsarbeit und familiäre Bindung. So wurde 1989 im zweiten deutschen Staat ein Heiratsalter von durchschnittlich 24 Jahren registriert (in der Bundesrepublik 27 Jahre). Auch nach der jugendlichen Orientierungsphase vermittelten Familien durchaus Stabilität. So war der Bezug auf die häusliche Lebenswelt bei jungen Männern stark ausgeprägt.

Allerdings zerbrachen mit der zunehmend schnellen Abfolge von Partnerschaften auch familiäre Bezüge. Überdies belasteten die Weigerung vieler Männer, die Kindererziehung und Hausarbeit zu übernehmen, Familien ebenso wie die hohe Erwerbsquote. Wegen der starken Beharrungskraft der überlieferten geschlechtsspezifischen Arbeitsteilung im häuslichen Bereich konnten Frauen ihre beruflichen und familiären Aufgaben nur unzureichend erfüllen. Die angestrebte Kombination der unterschiedlichen Rollen blieb schwierig. Jedoch demonstrierten junge Frauen mit dem eigenen Hausstand ihre Selbstständigkeit und Männer waren stolz auf ihre Fähigkeit, schon frühzeitig Ehen schließen zu können. Strikte Rollenzuweisungen prägten auch das Sexualverhalten. So wiesen Männer ihren Frauen – oft unausgesprochen – die Zuständigkeit für die Verhütung zu. Obgleich die Erwerbstätigkeit die Abhängigkeit der Frauen von ihren Männern verringerte, hielten sich in den Familien fest gefügte Rollenklischees, die in proletarischen Milieus verwurzelt waren. Diese Verhaltensmuster entsprachen jedoch z.T. auch bürgerlichen Werten.

Konzept des „sozialistischen" Verbrauchs

Das SED-Regime konnte auch das Bedürfnis nach individueller Abgrenzung durch unterschiedliche Stile des Warenkonsums nicht dauerhaft unterdrücken und still stellen. Seit den fünfziger Jahren propagierte die Staatsführung der DDR ein sozialistisches Modell der Konsumgesellschaft. Mit dem „verantwortungsvollen" Verbrauch notwendiger Waren sollten grundlegende Bedürfnisse der Bevölkerung befriedigt, aber das Streben nach soziokultureller Distinktion und die erneute

Herausbildung „feiner Unterschiede" (P. Bourdieu) verhindert werden. Nach der offiziellen Propaganda war das Konsumverhalten vor allem auf die Zweckmäßigkeit und Langlebigkeit von Waren auszurichten, nicht aber auf Moden und individuelle Distinktionsbedürfnisse. So sollte nützliche und solide, nicht aber modische Kleidung getragen werden. Demgegenüber verdammten die Machthaber in der DDR westliche Konsumstile als künstlich und oberflächlich. Die Propaganda der führenden Partei- und Staatsfunktionäre gegen Mode und schnellen Verbrauch appellierte auch an traditionelle anti-amerikanische Vorurteile, die den Vereinigten Staaten seit dem 19. Jahrhundert „Oberflächlichkeit" und „Kulturlosigkeit" attestiert hatten. Das Konzept des „sozialistischen" Verbrauchs richtete sich aber ebenso gegen das spontane Konsumverhalten, das die Arbeiterkultur weithin geprägt hatte. Mit der Nivellierung der Verbrauchsformen sollte demgegenüber gesellschaftliche Ungleichheit abgeschliffen und die „sozialistische Persönlichkeit" herausgebildet werden. Die Politik zur Steuerung des Verbrauchs wurde als ein erzieherisches und egalitäres Programm verstanden. „Frau Mode" hatte sich „Herrn Geschmack" unterzuordnen, wie es offiziell hieß.

Das Konzept der Konsumkontrolle war aber nicht nur ein Instrument der Egalisierungspolitik, sondern auch der Wirtschaftsplanung. Die Uniformierung und Kontrolle des Konsums war geeignet, die Lenkung von Produktion und Handel zu erleichtern, denn die Spitzenfunktionäre hofften, die Nachfrage nach Verbrauchsgütern gezielt auf Waren konzentrieren zu können, die jeweils in ausreichender Menge und befriedigender Qualität hergestellt wurden. Zudem bestimmte schon in den fünfziger Jahren weniger das Kriterium der Bedürftigkeit, sondern das Ziel der Leistungsstimulierung die Verteilung von Waren. Der Übergang zu einer offensiven Werbung und einer Warenpräsentation, die den Verkauf steigern sollte, diskreditierte allerdings zunehmend die Propaganda für die Durchsetzung „vernünftiger" Verbrauchsnormen. Der Entscheidung für eine konsumorientierte Verkaufsstrategie lag das Wohlstandsversprechen zugrunde, mit dem die SED-Führung – auch unter dem Eindruck der spektakulären Weltraumerfolge der UdSSR – auf ihrem V. Parteitag 1958 die ökonomische Überlegenheit der DDR im Wettstreit mit der Bundesrepublik demonstrieren wollte. Die anhaltende Fixierung auf das Prinzip der Konsumbefriedigung verlängerte jedoch letztlich ein Arrangement, das Mangel und Entbehrung in den ersten Nachkriegsjahren erzwungen hatten.

Die Verabschiedung des NÖS, das den Entscheidungsspielraum der Betriebsleitungen und der VVB erweiterte, nährte ab 1963 die

Konsumpolitik und Mangel

Ausbau des Handels und neue Einschränkungen

Hoffnungen der Verbraucher und reformorientierter Wirtschaftsfunktionäre auf eine Steigerung des Angebotes an hochwertigen und attraktiven Konsumgütern. Zunächst wurde der Handel nach Vertriebswegen zentralisiert. So ordnete der ZK-Sekretär Werner Jarowinski 1965 an, Läden zur „Vereinigung Volkseigener Warenhäuser Centrum" und Konsumgenossenschaften zum „Verband Consument" zusammenzuschließen. Da die Preise nicht freigegeben worden waren, übertraf die Nachfrage nach Waren aber weiterhin das Angebot. Deshalb banden Wirtschaftsfunktionäre die Industrieproduktion in einem zweiten Reformschub enger an die Bedürfnisse des Handels. So sollten eine gezielte Auswahl kleiner privater und halbstaatlicher Betriebe als Lieferanten, hohe Preisaufschläge, die Zuweisung von Sonderkontingenten benötigter Stoffe und die Vergabe zusätzlicher Investitionsmittel das Sortiment für Jugendmode erweitern und verbessern. Da modische Kleidung in der DDR fehlte und in den sechziger Jahren besonders die beliebten Jeans („Nietenhosen") offiziell als Ausdruck einer zügellosen, amerikanisierten Jugendkultur abgelehnt wurden, eignete sich die Jugendmode als Experimentierfeld der Wirtschaftsreformer. Obgleich die Jugendmodeläden mit ihrem Sortiment viele Teenager anzogen, wurden sie nicht zu Leitbildern umfassender Reformen im Handel für Konsumgüter. Die nachhaltige wirtschaftspolitische Förderung, die der Jugendmode ihre Anziehungskraft verlieh, war aber nicht auf andere Sektoren der industriellen Erzeugung und des Handels auszuweiten. Im „Ökonomischen System des Sozialismus" (ÖSS), das 1967 dem NÖS folgte, wurden dem Handel schließlich wieder Investitionsmittel entzogen. So mussten in der DDR in den frühen siebziger Jahren zwei große Versandhäuser geschlossen werden.

Widersprüche der Konsumentwicklung

Wegen des unzureichenden Angebotes an Waren konnte die Partei- und Staatsführung die westliche Konsumkultur als attraktives Vorbild und Verheißung bis zum Ende des zweiten deutschen Staates nie ignorieren. Die Verbrauchsformen und -gewohnheiten, die sich in der DDR in den fünfziger Jahren allmählich herausbildeten, wurden deshalb nicht einfach von einem allmächtigen Parteiapparat oder staatlichen Institutionen aufgezwungen, sondern gingen letztlich aus (ungleichen) Aushandlungsprozessen zwischen der Bevölkerung und Partei- und Staatsfunktionären hervor. Im Gegensatz zu der patriarchalischen Konzeption der SED vom Verbrauch als Erfüllung bestimmter Grundbedürfnisse wiesen die Konsumenten Waren durch ihre individuellen Aneignungsformen einen spezifischen Wert und Sinn zu. Den Hoffnungen der Verbraucher auf die Herausbildung einer neuen Konsumgesellschaft wurden jedoch durch die Mangelwirtschaft und die

Politik der Bedürfnisregulierung die Grundlagen entzogen. Unter dem Druck des Mangels an erzeugten Gütern drängten die leitenden Funktionäre der DDR letztlich durchweg auf eine Beschränkung des Konsums.

Da Konsumwünsche, die auf individuelle Lebensgestaltung zielten, nicht befriedigt wurden, lösten hohe Bestände unverkaufter Güter in den Verkaufsstellen Protest aus. Mit Sonderverkäufen, für die im Juni 1957 BIWA-Läden („Billige Waren") eingerichtet worden waren, konnten zwar ebenso wie mit vorübergehenden Saisonschluss- und Inventurausverkäufen die Vorräte in den Läden verringert werden; sie schöpften aber vor allem die Kaufkraft der Gruppen mit geringem Einkommen ab und unterminierten so die Egalitätsdoktrin. Vollends wurde das Gleichheitsversprechen des SED-Regimes schließlich durch die Einrichtung gesonderter Verkaufsstellen für „hochmodische" Waren diskreditiert, die auch wegen ihrer relativ hohen Qualität begehrt waren. Schon die Gründung der „Handelsorganisation" (HO) 1948, die der entstehenden westlichen Konsumgesellschaft entgegengestellt wurde, besonders aber die Einrichtung von „Exquisit"-Läden 1961 ermöglichte der SED-Führung, Kaufkraft abzuschöpfen und Sortimentslücken durch eine politisch durchgesetzte Einschränkung der Nachfrage zu schließen. Die teuren Erzeugnisse, die in diesen gesonderten Verkaufsstellen angeboten wurden, konnten in der DDR jedoch weitgehend nur die Arbeiter mit höherem Verdienst erwerben. Damit nahmen die Machthaber den Ausschluss der unteren Einkommensgruppen vom Verkauf dieser Waren in Kauf. Insgesamt wurden die Konsumenten in der DDR durch die Einrichtung der HO und der „Exquisit"-Läden in schichten- und geschlechtsspezifische Hierarchien eingebunden, da diese Verkaufsstellen vorrangig Lohnarbeit prämieren sollten.

Schroffe Ungleichheit resultierte auch aus dem Aufbau von „Intershops" und „Genex"-Läden seit den sechziger Jahren, mit denen von Bürgern, die über Westgeld und Kontakte zur Bundesrepublik verfügten, Kaufkraft abgeschöpft werden sollte. Die daraus resultierende Differenz im Zugang zu Konsumwaren kritisierte der Liedermacher Wolf Biermann besonders pointiert, indem er die offizielle Parole „Jeder nach seinen Fähigkeiten, jedem nach seinen Leistungen" mit dem Slogan „Jedem nach dem Wohnsitz seiner Tante" persiflierte. Unter dem Druck der zunehmenden Unzufriedenheit richtete die SED-Führung deshalb für Konsumenten, denen Westgeld fehlte, „Delikat"-Läden ein, in denen hochwertige Waren aus der DDR 60 Prozent und Importe aus den westlichen Staaten 40 Prozent des Angebots stellen sollten.

Diversifizierung
des Angebots

Importe und Auslandsverschuldung nach 1971

Obgleich Wirtschaftsexperten schon früh auf das wachsende Defizit in der Zahlungsbilanz der DDR hinwiesen, erweiterte die SED-Führung unter Honecker in den siebziger Jahren auch das Netz der „Intershops". Über die Sozialpolitik hinaus sollte die staatssozialistische Diktatur durch Konsum stabilisiert werden. Der wachsende Import von Rohstoffen und Konsumgütern öffnete aber nicht nur weit das Tor zur westlichen Konsumkultur und dementierte damit die offizielle Abgrenzungspolitik, sondern steigerte auch die Auslandsverschuldung des zweiten deutschen Staates. In den frühen achtziger Jahren zwang der zunehmende Devisenmangel die Partei- und Staatsführung schließlich, die Einfuhr von Konsumgütern drastisch zu verringern. So beschloss das Politbüro 1977, den Import hochwertiger Kaffeesorten einzuschränken und einen neuen Mischkaffee anzubieten, der im Volksmund „Erichs Krönung" genannt wurde. Diese „Kaffeekrise" zeigte bereits die Grenzen der SED-Konsumpolitik und führte in der DDR zu beträchtlicher Unruhe.

Zurückdrängung der Kirchen

Die Politik der Machthaber in der DDR richtete sich auch gegen die Kirchen, deren soziokultureller Einfluss bis zu den siebziger Jahren kontinuierlich eingeschränkt wurde. Besonders deutlich wird dies an dem erheblichen Rückgang der Kirchenzugehörigkeit in der DDR. 1964 gehörten noch 59,3 Prozent der Bevölkerung der evangelischen und 8,1 Prozent der katholischen Kirche an. Seit 1950 hatten die Kirchen und Religionsgemeinschaften damit rund 31 Prozent ihrer Mitglieder verloren. Bis 1989 halbierte sich in der DDR die Zahl der Kirchenmitglieder nochmals. Schon in den fünfziger Jahren hatte die SED-Führung die „Jugendweihe" durchgesetzt und den Kirchen damit weitgehend den Nachwuchs entzogen. Um ihre Amtsträger vor Übergriffen von Partei- und Staatsfunktionären zu schützen und die drohende Abkopplung von den westdeutschen Kirchen zu verhindern, mussten die katholischen und evangelischen Kirchenleitungen in den sechziger und siebziger Jahren zahlreichen Kompromissen mit den Herrschenden zustimmen. Nach der Abspaltung von der Evangelischen Kirche Deutschlands (EKD) und der Gründung des „Bundes der Evangelischen Kirchen in der DDR" am 10. Juni 1969 nahm der politische Druck noch zu. Die Kirchenleitungen mussten zunehmend auf politische Stellungnahmen verzichten und das offizielle Leitbild von der „Kirche im Sozialismus" akzeptieren. Zudem wurde der Religionsunterricht an Schulen weitgehend unterbunden und die Ausbildung von Pfarrern eingeschränkt. Auch die Selbstverbrennung des Pfarrers Oskar Brüsewitz in Zeitz am 18. August 1976 konnte den Bedeutungsverlust der Kirchen für das Alltagsleben in der DDR nicht aufhalten.

In der Auseinandersetzung mit der Bundesrepublik vertraten die Machthaber in der DDR offensiv ein Selbstverständnis als „Kulturgesellschaft". Der breite Zugang zu den wieder aufgebauten Bibliotheken, Theatern und neuen Einrichtungen wie den Kulturhäusern verlieh diesem Anspruch durchaus Glaubwürdigkeit und alltagsweltliche Prägekraft. Jedoch waren die sozialen Trägerschichten dieses Konzeptes außerhalb der Gruppe der „Kulturschaffenden" (Literaten und Künstler) selber offenbar überaus disparat.

Legitimation durch Kultur

Im politischen Kampf gegen den Einfluss der westlichen Kultur und für die Durchsetzung einer neuen Kulturarbeit kam den Betrieben eine Schlüsselrolle zu. Führende Funktionäre des FDGB initiierten hier 1948 den Aufbau von Kulturkommissionen, Bibliotheken und Kulturhäusern. Nach offiziellen Angaben wurden bis 1962 in der DDR 500 Klub- und Kulturhäuser, 13 000 Kulturräume und 17 000 Gewerkschaftsbibliotheken eingerichtet. Da die Arbeiterschaft als führende Klasse galt, hatten auch die Künstler in den Betrieben zu wirken. Hier wurden überdies „Besucherräte" und „Kulturwerkstätten" gebildet, in denen die „Werktätigen" die betriebliche Kulturarbeit beeinflussen sollten.

Betriebliche Kulturarbeit

In den fünfziger Jahren propagierten Funktionäre der SED und des FDGB die „kulturelle Massenarbeit" in den Betrieben, die 1959 im „Bitterfelder Weg" gipfelte. Damit sollte nicht nur der Gegensatz von proletarischer und bürgerlicher Kultur beseitigt, sondern auch die Produktivität gesteigert werden. Der „Bitterfelder Weg", der auf die Entwicklung einer neuen, alltagsorientierten Kunst zielte, intensivierte in den Betrieben die künstlerische Laienarbeit und knüpfte an das Konzept der Kulturagitation an, das den politischen Kampf der KPD in der Weimarer Republik gekennzeichnet hatte. Patenschaftsverträge mit Betrieben trugen nicht nur Kultur an die Arbeiter heran, sondern vermittelten auch Künstlern lukrative Aufträge. Nachdem die SED-Führung jedoch 1963 mit dem NÖS schließlich Wirtschaftsreformen verkündet hatte, wurde das politische Engagement in der betrieblichen Kulturarbeit zugunsten des Kriteriums der „künstlerischen Qualität" abgewertet. Damit verringerte sich der kulturpolitische Einfluss des FDGB zugunsten des Ministeriums für Kultur. Insgesamt konnte die betriebliche Kulturarbeit die Kluft zwischen Laien- und Berufskunst nicht schließen. Neben der Volks- und Proletkultur blieb die elitär-bürgerliche Hochkultur ein wichtiges politisches Leitbild, auch für die Arbeiter.

„Bitterfelder Weg" und Liberalisierung

Dieses Konzept spiegelte das Bedürfnis der Macht- und Funktionselite nach Ansehen ebenso wider wie ihren ungebrochenen Fortschrittsoptimismus, den Einfluss des „sozialistischen Realismus" und

Rekurs auf bürgerliche Werte und Normen

den Zwang zur Auseinandersetzung mit der westlichen Kultur an der Nahtstelle des Ost-West-Konfliktes. Mit dem Rekurs auf traditionelle Werte und Verhaltensnormen der überlieferten deutschen Kultur sollten schließlich auch die Mittelschichten und bildungsbürgerlichen Gruppen, die in den fünfziger Jahren in der „neuen Intelligenz" aufgingen, für den Staat gewonnen werden. Dabei erwiesen sich vor allem bürgerliche Verhaltensnormen als anschlussfähig, denn „gute Umgangsformen" sollten die von den Machthabern gefürchtete Spontaneität und „Anarchie" verhindern. Zudem musste die kulturelle Kluft geschlossen werden, die sich in den Betrieben zwischen bildungsbürgerlichen Fachkräften und ihren neuen, vielfach aus der Arbeiterschaft aufgestiegenen Vorgesetzten herausgebildet hatte. Der offizielle Verhaltenskodex war auch von überlieferten Geschlechterrollen geprägt. Den Frauen wurde deshalb Passivität zugeschrieben und die Pflege der Familienbeziehungen empfohlen. Insgesamt wertete das SED-Regime mit seiner Hinwendung zum bürgerlichen „Erbe" seit den siebziger Jahren Verhaltensformen und Erziehungsideale auf, die zuvor als überwunden galten.

Kulturelle Traditionen gegen westliche Einflüsse   Durchweg prägend blieb in der DDR die Bezugnahme auf deutsche Traditionen in der Literatur, Kunst und Musik. Schon in den fünfziger Jahren wurde dem amerikanischen Rock 'n' Roll und Jazz deutsche Tanzmusik entgegengestellt. Der Einfluss der westlichen Musikkultur sollte auch eingedämmt werden, indem einige ihrer Merkmale übernommen wurden. So waren die 1959/60 in der DDR propagierten neuen Tänze „Lipsi" und „Pertutti" letztlich ein selektiver Transfer des „Twist". Die amerikanische und englische Musikkultur hatte im zweiten deutschen Staat aber schon in den fünfziger Jahren eine so starke Anziehungskraft auf Jugendliche gewonnen, dass die Funktionäre des Ministeriums für Kultur und des Verbandes Deutscher Komponisten 1958 einer Übereinkunft zugestimmt hatten, die vorsah, dass Rundfunkstationen und Tanzkapellen 40 Prozent ihres musikalischen Repertoires mit westlichen Titeln bestreiten durften.

Grenzen der Kulturpolitik   Auch in der bildenden Kunst und Literatur war die Fixierung auf den „sozialistischen Realismus" letztlich nicht dauerhaft durchzusetzen. Obgleich die Literaturzensur, die 1947 mit der Bildung eines „Kulturellen Beirates" begann und im Juli 1951 in die Gründung des „Amtes für Literatur und Verlagswesen" mündete, strikt blieb und der Kampf gegen „Dekadenz" in den sechziger Jahren anhielt, konnten Literaten dem politischen Druck durch subversive Strategien und schriftstellerische Techniken ausweichen. Zudem wurden Phasen des kulturpolitischen Rigorismus – so nach dem 11. „Kahlschlag"-Plenum des ZK der SED (15.–18. Dezember 1965) oder der Ausbürgerung des Lie-

dermachers Wolf Biermann (16. November 1976) – regelmäßig wieder
durch eine flexiblere und liberalere Kulturpolitik abgelöst. Insgesamt
ließ der sprunghafte Kurs der SED-Führung den Literaten, Künstlern
und Musikern trotz seiner Unberechenbarkeit und der disziplinierenden
Zensur Handlungsräume.

5. Soziale Schichten

5.1 Arbeiter

In der unmittelbaren Nachkriegszeit nahm die Homogenität der Arbei-
terschaft in der SBZ ab. Obgleich durch die Lohnabhängigkeit und den
Verkauf der Arbeitskraft verbunden, waren branchen- und geschlechts-
spezifische Differenzen ausgeprägt. Auch die unterschiedliche Her-
kunft trennte Arbeiter voneinander. So waren viele Flüchtlinge und
Vertriebene, die in der SBZ seit Herbst 1945 offiziell verharmlosend als
„Umsiedler" bezeichnet wurden, durch ihre erzwungene Migration aus
Mittel- oder Oberschichten in die Arbeiterschaft abgestiegen. Da die
Landarbeiter nicht zum Bezug von Lebensmittelkarten berechtigt waren, unterschied sich ihre soziale Lage signifikant von der Situation der
Industriearbeiter. Zudem war der Übergang zwischen der Landarbeiter-
schaft und den Neubauern, die aus enteignetem Gutsland kleine Parzellen erhalten hatten, gleitend. Die Reparationsanforderungen der sowjetischen Besatzungsmacht verursachten in der SBZ in Verbindung mit
den Kriegszerstörungen bis 1948 nicht nur einen Rückgang der Pro-
duktionskapazität um 40 Prozent, sondern führten auch weitere Um-
schichtungen in der Arbeiterschaft herbei. So waren die Arbeitskräfte
für den Uranbergbau im Erzgebirge und im Vogtland nur durch
Zwangsrekrutierung zu gewinnen. Insgesamt bewirkten die Not und
der sozialstrukturelle Wandel in der unmittelbaren Nachkriegszeit in
der Arbeiterschaft eine weitgehende Entsolidarisierung. Da sie auf ihr
Überleben fixiert waren, konnten die Arbeiter politisch nur schwer mo-
bilisiert werden.

 Dennoch stilisierte die SED diese Schicht zu einer vorgeblich homogenen „führenden Klasse", deren Definition in den fünfziger Jahren
schrittweise politisch ausgeweitet wurde. So ging in den frühen sechziger Jahren die Angestelltenschaft statistisch in der „Arbeiterklasse"
auf. Diese stellte 1965 nach offiziellen Angaben 78,4 und fünfzehn
Jahre später sogar 89,4 Prozent der Berufstätigen (einschließlich Lehr-
lingen). Der hohe Arbeiteranteil war aber nicht nur aus der Ideologie

Differenzierung in der Nachkriegszeit

Homogenisierung durch Transformationspolitik

abgeleitet und politisch konstruiert, sondern spiegelte auch Prozesse sozialen Wandels wider. Während der Dienstleistungssektor (im Vergleich zur Bundesrepublik) unterentwickelt blieb, band die Industrie in der DDR einen hohen Anteil der Arbeitskräfte. Dieser sekundäre Sektor absorbierte 1950 rund 43 Prozent, drei Jahrzehnte später sogar 52 Prozent und 1989 noch 50 Prozent der Erwerbstätigen. Demgegenüber wuchs der Anteil des Dienstleistungsbereiches an den Erwerbstätigen von 1950 bis 1989 lediglich von 27 auf 40 Prozent (in der Bundesrepublik von 33 auf 55 Prozent). Auf die Land- und Forstwirtschaft entfielen 1950 in der DDR 31 Prozent, 1960 17 Prozent und 1989 noch 11 Prozent gegenüber nur 3,7 Prozent in der Bundesrepublik.

Wachstum der Arbeiterschaft: Gründe und Folgen

Auf dem Territorium des zweiten deutschen Staates hatte die nationalsozialistische Rüstungspolitik die Industrialisierung kräftig vorangetrieben. Nach dem Kriegsende führten die Ankunft der Vertriebenen und die Rückkehr von Kriegsgefangenen der Arbeiterschaft neue gesellschaftliche Gruppen zu. Zudem steigerte die Ineffizienz der Zentralplanwirtschaft den Arbeitskräftebedarf. Auch förderten die Militarisierung der ostdeutschen Gesellschaft, die den Sicherheitsbereich („X-Bereich") personell ausdehnte, und die Privilegien für Arbeiter das Wachstum dieser Schicht. Der Befund, dass noch Ende der achtziger Jahre 40 Prozent der Industriearbeiter mit manuellen Tätigkeiten beschäftigt waren, verweist auf den Rückstand im technologischen Wandel der Arbeitsplätze. So minderte die nachhaltige Steigerung des Anteils weiblicher Erwerbstätiger den Zwang zur Rationalisierung und zur Steigerung der Arbeitsproduktivität. Auch die Konzentration der Produktionsfaktoren auf die Grundstoff- und Schwerindustrie zeigte, dass die DDR letztlich in den „Strukturen einer alternden Industriegesellschaft" (D. Hoffmann) verblieb. Dieser Rückstand ist nicht zuletzt auf die Arbeitsteilung in dem 1949 gegründeten Rat für Gegenseitige Wirtschaftshilfe (RGW) zurückzuführen, dem die DDR im September 1950 beigetreten war. Obgleich die Widersprüche und Interessengegensätze zwischen den Mitgliedsstaaten des RGW eine nachhaltige wirtschaftliche Integration verhinderten, konservierte vor allem die ökonomische Abhängigkeit der DDR von der Sowjetunion im zweiten deutschen Staat überkommene industrielle Strukturen. Die Konzentration auf den Aufbau der Schwerindustrie in den fünfziger Jahren entsprach aber auch den Industrialisierungskonzepten der SED-Führung, die damit zugleich das sowjetische Vorbild imitieren wollte.

Politische Inszenierung der „Arbeiterklasse"

Über diese sozialstrukturellen Ursachen des Wachstums der Arbeiterschaft hinaus erforderte die Stilisierung der „Arbeiterklasse" durch die SED-Führung jedoch Inszenierungsstrategien, mit denen nicht zuletzt die leninistische Doktrin von der kommunistischen Partei als proletarische „Avantgarde" untermauert werden sollte. Funktionäre der SED und der Massenorganisationen sollten vor allem aus der Arbeiterschaft rekrutiert werden, die auch bei Veranstaltungen und in Kampagnen kontinuierlich politisch umworben wurde. Die „Diktatur des Proletariats" sollte mit der Herkunft ihrer Spitzenfunktionäre aus der „Arbeiterklasse" legitimiert und mit der demonstrierten Nähe der Führung zu ihrer gesellschaftlichen Basis inszeniert werden. Obgleich die Egalitätsideologie der Vision einer harmonischen Gemeinschaft von „Werktätigen" kräftig Auftrieb verlieh, wurden in Kampagnen wie der „Aktivisten"-Bewegung dennoch einzelne Repräsentanten zu Leitbildern der Erziehung und Bewusstseinsbildung stilisiert.

Die Arbeiter griffen die politische Überhöhung als „führende Klasse" in der SED-Propaganda auf, indem sie die Führung zu materiellen Konzessionen zwangen. So bestanden sie in Produktionswettbewerben, beim Abschluss von Betriebskollektivverträgen und bei der Bildung von Brigaden auf Prämien und betrieblichen Sozialleistungen. Überdies nutzten sie den Arbeitskräftemangel, um höhere Löhne als die staatlich festgelegten durchzusetzen („Lohndrift"). Indem sie die offizielle Rhetorik von der „führenden Klasse" für ihre Interessen funktionalisierten, konnten Arbeiter überdies materielle und politische Forderungen von Werkleitungen und Funktionären abwehren. Die unterschiedlichen Strategien der Interessendurchsetzung mündeten in den Betrieben in vielfältige Arrangements zwischen den Werkleitungen und Belegschaften. Diese – oft informellen – Übereinkommen stabilisierten letztlich die staatssozialistische Diktatur, indem politische Macht gegen soziale Sicherung getauscht wurde. Als jedoch in den achtziger Jahren die materiellen Ressourcen, die für die ausgleichende Sozialpolitik benötigt wurden, rapide zurückgingen, zerfiel die Interessenallianz zwischen der politischen Führung und der Arbeiterschaft. Auch pragmatische Kompromisse in Betrieben konnten diese Erosion nicht aufhalten. Mit der propagandistischen Inszenierung hatte das SED-Regime einen Maßstab vorgegeben, an dem die Arbeiter die Entwicklung ihrer Arbeits- und Lebensbedingungen beurteilen und kritisieren konnten.

Der Arbeiterschaft in der DDR verliehen Milieus soziale Homogenität, die auch für die Interessenartikulation und das Alltagsleben bedeutend waren. Die traditionellen Arbeitermilieus, die in der Weimarer Republik außerhalb der Hauptstadt Berlin vor allem in Sachsen, Thüringen und Sachsen-Anhalt ihre gesellschaftliche Bindungskraft behauptet hatten, waren in der DDR schon in den fünfziger Jahren zerstört

Folgen der politischen Überhöhung

Milieus und soziale Homogenisierung der Arbeiterschaft

worden. Mit der Erweiterung der Arbeiterschaft im SED-Regime verlor diese gesellschaftliche Schicht ihre Konturen. Zudem büßte ihre organisatorische Basis – vor allem die Gewerkschaften – die schwer erkämpfte Autonomie ein. Die Arbeiterbewegung wurde in den Herrschaftsapparat integriert und mit dem neuen Staat identifiziert, der offiziell als „Diktatur des Proletariats" galt. Im Unterschied zu den freien Gewerkschaften konnten die Belegschaften ihre Interessen im FDGB nicht mehr offen und direkt artikulieren und durchsetzen. Schon die betrieblichen Vertretungen, die Arbeiter in den ersten Nachkriegsjahren vielerorts spontan gebildet hatten, waren dem Druck der offiziell zugelassenen und massiv geförderten Betriebsräte und BGL erlegen.

Die Betriebe übernahmen auch Funktionen der proletarischen Sozialmilieus. In den „Aufbaumilieus" (C. Boyer) wurden nicht nur Forderungen zu Löhnen, Normen und Arbeitszeiten artikuliert, sondern auch arbeitsrechtliche Probleme diskutiert. In den neuen Milieus verlor die Arbeiterschaft ihren proletarischen Habitus, dessen Integrationskraft sich nicht zuletzt aus dem Gegensatz zur bürgerlichen Lebensweise und Kultur gespeist hatte. Zur gesellschaftlichen Homogenisierung der Arbeiterschaft trug auch der Übergang zum preisgünstigen Massenwohnungsbau in den späten fünfziger Jahren bei, für den die Wohnstadt Hoyerswerda beim Kombinat „Schwarze Pumpe" in der Niederlausitz zum Leitbild erhoben wurde. Nachdem der Wohnungsbau in den sechziger Jahren deutlich hinter den hoch gesteckten Erwartungen zurückgeblieben war, wurde er in den beiden darauf folgenden Jahrzehnten zum Aushängeschild der Sozialpolitik Honeckers. So stieg der Anteil von Wohnungen mit Bad oder Dusche von 1971 bis 1989 von 39 auf 79 Prozent. Auch die tendenzielle Nivellierung der Einkommen verringerte in der Arbeiterschaft eingeschliffene soziale Unterschiede und kulturelle Distinktionen.

Neben dieser Homogenisierung vollzog sich in den Arbeitermilieus jedoch auch eine Redifferenzierung. Neue Unterschiede trennten vor allem Generationen, Geschlechter und Bildungsgruppen. Daneben sind Gegensätze zwischen Stadt und Land und zwischen Alteingesessenen und Fremden hervorzuheben. Zugleich blieben in der Arbeiterschaft geschlechtsspezifische Hierarchien wirksam, wie die anhaltende Abwertung von Betrieben mit einem hohen Anteil weiblicher Beschäftigter – z. B. den Baumwollspinnereien – und der geringe Anteil von Frauen in Führungspositionen zeigten. Abgrenzungsbedürfnissen verlieh auch die Kampagne gegen die in Westberliner Betrieben beschäftigten „Grenzgänger" (bis 1961), Westarbeiter und die Beschäftigung ausländischer Arbeitskräfte in den siebziger und achtziger Jahren kräftig Auftrieb.

Neue Unterschiede in der Arbeiterschaft

Neue Unterschiede verursachte überdies der hohe Arbeitskräftebedarf, der in den sechziger Jahren die Anwerbung ausländischer Arbeitskräfte aus Polen, Angola, Vietnam und Mosambik erzwang. Außer dieser „Ethnisierung der Industriearbeit" (A. Schüle) verhinderten unterschiedliche Produktionsbedingungen in den einzelnen Branchen und die hohe Fluktuation der Beschäftigten die Herausbildung einer einheitlichen „Arbeiterklasse". Während die neuen Stahlwerke in den fünfziger Jahren durch ihre technische Ausstattung bestachen, war z. B. die Produktion im Glas- und Porzellangewerbe kleinbetrieblich strukturiert, kaum automatisiert und nur schwach rationalisiert. Nicht nur in den Sowjetischen Aktiengesellschaften, in denen die Rotation der Beschäftigten nach der Zurücknahme der Zwangsmaßnahmen besonders ausgeprägt war, sondern auch in den anderen Betrieben wurde der Arbeitsplatzwechsel zur bevorzugten Form individueller Verweigerung. Das Verhalten und die Werte von Arbeitern wurden deshalb trotz der Bindung an die Betriebe weiterhin vor allem in privaten Räumen geprägt, die Familien, Nachbarschaften, Vereine und informelle Gruppen zur Gestaltung der Freizeit boten.

5.2 Bauern, Landarbeiter, LPG-Mitglieder

Die Bauern waren den Arbeitern hinsichtlich ihres Stellenwertes für die politische Legitimation des SED-Regimes deutlich nachgeordnet. Bereits im Herbst 1945 setzte das ZK der KPD in der SBZ eine umfassende Bodenreform durch, die als Maßnahme zur Entnazifizierung deklariert wurde. Nach Verordnungen, welche die Landes- bzw. Provinzalverwaltungen Anfang September erließen, verloren führende Nationalsozialisten, hochrangige Funktionsträger des „Dritten Reiches" und alle Gutsbesitzer mit mehr als 100 Hektar ihr Land und das dazugehörige Inventar und Vieh. Insgesamt enteigneten Gemeindebodenkommissionen unter der Aufsicht der Kreis- und Provinzial- bzw. Landesverwaltungen bis Ende 1948 fast 11 300 Objekte, darunter rund 7100 Großbetriebe mit jeweils mehr als 100 Hektar. Das Eigentum der entmachteten „Junker" wurde (bis Ende 1949) etwa 210 000 Neubauern übergeben. Daneben hatten öffentliche Institutionen Boden übernommen, den überwiegend die neuen Landes- und Provinzialgüter nutzten.

Die Neubauernstellen, die nicht belastet, geteilt, verpachtet oder verkauft werden durften, waren mit durchschnittlich 8,1 Hektar für eine dauerhaft rentable Bewirtschaftung aber zu klein. Der Marktanteil dieser Höfe, die nur unzureichend mit Gebäuden, Vieh, Maschinen und Geräten ausgestattet waren, blieb gering, so dass ihre Inhaber nur rela-

Bodenreform

Not der Neubauern

tiv geringe Bargeldeinkommen erzielten. Auch wegen ihrer gesellschaftlichen Isolierung in den Dörfern gaben in den späten vierziger
Jahren deshalb viele Neubauern, von denen Vertriebene rund ein Drittel
stellten, ihre ungefestigten Höfe auf. Ende 1951 waren schließlich 22,9
Prozent der seit 1945 eingerichteten Neubauernstellen in den Bodenfonds zurückgefallen, den die Landes- bzw. Provinzialverwaltungen
aus dem enteigneten Land gebildet hatten. Die 1948 gegründete Demokratische Bauernpartei Deutschlands (DBD) sollte Bauern, die der SED
zunehmend ihre Unterstützung entzogen hatten, in der SBZ wieder an
die Machthaber binden.

Politik gegen die   Die Krise auf dem Lande wurde in den späten vierziger und frü-
„Großbauern"   hen fünfziger Jahren durch die Verdrängung der „Großbauern" ver-
schärft, die als Landwirte mit mehr als 20 Hektar (ebenso wie die „Ku-
laken" in der Sowjetunion in den späten zwanziger und frühen dreißi-
ger Jahren) in den dörflich-agrarischen Milieus vielerorts über einen
beträchtlichen Einfluss verfügten. Nicht zuletzt wegen des hohen Ansehens dieser Altbauern konnten Partei- und Staatsfunktionäre die Landarbeiter nur begrenzt mobilisieren. Die rigorose Erhöhung ihrer Ablie-
ferungskontingente, die politische Entmachtung ihrer Organisationen
wie der Raiffeisengenossenschaften 1949/50 und die „Klassenkampf"-
Agitation zermürbten die wirtschaftsstarken Landwirte aber zusehends.
Die Flächen der geflohenen Landwirte und die aufgegebenen Höfe der
Neubauern konnten nur notdürftig bewirtschaftet werden. In den späten
vierziger Jahren wurde mit der Bildung Volkseigener Güter (VEG), die
aus den Landes- und Provinzialgütern hervorgingen, und der Einrichtung von Maschinen-Ausleih-Stationen auch der staatliche Sektor in
der Landwirtschaft ausgeweitet.

Kollektivierung der   Auf der 2. Parteikonferenz der SED proklamierte Ulbricht
Landwirtschaft   schließlich im Juli 1952 die Kollektivierung der Landwirtschaft. In diesem Prozess gewannen die nördlichen Bezirke schnell einen Vor-
sprung, der bis 1960 anhielt. Nachdem die Agitation zur Bildung Landwirtschaftlicher Produktionsgenossenschaften (LPG) Anfang 1953 ver-
schärft worden war, drängte die Führung der KPdSU die Spitzenfunktionäre der SED nach Stalins Tod zu einer pragmatischeren Politik, um
die entstandene akute Versorgungskrise in der DDR beizulegen. Als die
Unruhen im Sommer 1953 auch das Land erfassten, zerfielen nahezu
10 Prozent der LPG. Daraufhin konzentrierte die SED-Führung ihre
Agrarpolitik auf die Stabilisierung der LPG vom Typ I, in die nur das
Ackerland eingebracht werden musste. Daneben hatten die Kollektiv-
betriebe auch verlassene („devastierte") Flächen aufzunehmen, so dass
unter den LPG-Mitgliedern Mitte der fünfziger Jahre vor allem der An-

teil früherer Landarbeiter zunahm. Jedoch bewirtschafteten die Produktionsgenossenschaften im Juni 1958 in der DDR erst 29,9 Prozent der landwirtschaftlichen Nutzfläche, bevor die SED-Führung der Kollektivierung auf ihrem V. Parteitag neuen Auftrieb verlieh. Im „sozialistischen Frühling" 1960 erzwangen Agitationskommissionen schließlich den Zusammenschluss aller Bauern zu LPG, denen die staatlichen Landwirtschaftsbehörden auch wirtschaftliche Vergünstigungen gewährten. In dieser Phase wurden vor allem alteingesessene Landwirte zum Beitritt zu den Produktionsgenossenschaften gedrängt. Nachdem die Kollektivierung mit einem Beschluss der Volkskammer am 25. April 1960 offiziell beendet worden war, bewirtschafteten in der DDR 945 000 Mitglieder Landwirtschaftlicher Produktionsgenossenschaften 84,4 Prozent der landwirtschaftlichen Nutzfläche.

Aber erst der Zusammenschluss von LPG, VEG und Gärtnerischen Produktionsgenossenschaften (GPG) zu großen Kooperationsbetrieben, der mit der Bildung der ersten Kooperativen Abteilungen Pflanzenproduktion (KAP) 1966/67 begann, veränderte in altbäuerlichen Dörfern auch grundlegend das soziale Gefüge. Dieser Wandlungsprozess erreichte mit der Trennung der Tier- und Pflanzenproduktion von 1976 bis 1978 ihren Höhepunkt. Die Bildung der großen agro-industriellen Komplexe war – vor allem wegen der hohen Kosten für Verwaltung, Aufsicht und Transporte – nicht nur ökonomisch nachteilig, sondern steigerte auch die Umweltbelastung erheblich. Nach dem Tod des mächtigen ZK-Sekretärs für Landwirtschaft, Gerhard Grüneberg, 1981 nahm die SED-Führung deshalb ihre übersteigerte Agrarpolitik zurück. Industrialisierte Landwirtschaft und ihre Folgen

Die Arbeit in den industrialisierten Agrarbetrieben hatte zwar zu einer deutlichen Annäherung von Bauern und Landarbeitern geführt, die beiden gesellschaftlichen Gruppen aber keineswegs vollständig miteinander verschmolzen. So blieben bäuerliche Familien bis zum Ende der DDR überdurchschnittlich groß. Zudem verbrachten vor allem frühere Bauern und ihre Nachkommen ihre Freizeit z. T. mit Arbeit auf den kleinen Parzellen ihrer privaten Hauswirtschaften. Überdies bildete sich in den agro-industriellen Komplexen eine neue Differenzierung heraus. Hier stand Handarbeitskräften, unter denen Frauen überrepräsentiert waren, eine wachsende Zahl von Facharbeitern („Agrotechnikern" bzw. „Zootechnikern") gegenüber. Die „landwirtschaftliche Intelligenz", die Hochschulen oder Fachhochschulen absolviert hatte, besetzte seit den sechziger Jahren Leitungspositionen in den Betrieben oder in den übergeordneten Verwaltungen. Landwirtschaftliche Produzenten

Die sozialen Beziehungen waren in den dörflich-agrarischen Milieus und in den Landwirtschaftsbetrieben gleichermaßen von Konflikt Dörfliche Milieus bis 1960 und Kooperation geprägt. In der Not der unmittelbaren Nachkriegszeit herrschten aber Auseinandersetzungen über knappe Güter vor. Auch die Solidarisierung der alteingesessenen Landwirte mit den bedürftigen Neubauern blieb insgesamt gering. Die politische Kampagne gegen die „Großbauern" und der Beginn der Kollektivierung lösten in der ländlichen Gesellschaft erneut heftige Spannungen und Konflikte aus. Selbstständige Landwirte, die den Beitritt zu den LPG kategorisch ablehnten, distanzierten sich von Berufskollegen, die sich den Kollektivbetrieben angeschlossen hatten. Die Spannbreite abweichenden Verhaltens gegenüber der Kollektivierung reichte von der Verbreitung von Informationen über die geringe wirtschaftliche Leistungsfähigkeit der LPG bis zu Brandstiftung und Selbstmord, mit dem sich bedrängte Landwirte dem – auch psychisch belastenden – Kollektivierungsdruck zu entziehen suchten.

Mit dem Generationswechsel wuchs aber seit den sechziger Jahren offenbar die Zustimmung zur Arbeit in den LPG. Ihre Mitglieder schätzten vor allem die regelmäßigeren Arbeitszeiten und den Urlaub, den die LPG-Vorsitzenden gewähren konnten. Überdies bot sich qualifizierten Nachkommen von „Großbauern" die Chance auf einen beruflichen Aufstieg in die Betriebsleitungen. Jedoch brach die Hoftradition schon in den sechziger Jahren ab, denn die Kollektivierung hatte in der Landwirtschaft die Erbfolge entwertet. Darüber hinaus zerstörte die Bildung von agro-industriellen Großbetrieben in den dörflich-agrarischen Milieus traditionelle soziale Beziehungsnetze. Trotz der Egalisierungstendenz, die der Zusammenschluss zu LPG und die Bildung agrarischer Großbetriebe verstärkten, entstand auf dem Lande jedoch keineswegs eine homogene Gesellschaft. Vielmehr blieben auch im „sozialistischen Dorf", dessen Bildung seit den fünfziger Jahren u. a. durch eine gezielte Siedlungspolitik gefördert werden sollte, soziale Spannungen und Konflikte virulent. In den achtziger Jahren musste die SED-Führung schließlich ebenso ihr Ziel zurücknehmen, eine weit reichende Angleichung der Lebensbedingungen auf dem Lande und in der Stadt herbeizuführen.

Sozialer Umbruch und seine Grenzen 1960–1989

5.3 „Intelligenz" und Restbürgertum

Enteignung von Unternehmern

In der Gesellschaft der DDR verschwand außer den Gutsbesitzern und Bauern auch das Wirtschafts- und Bildungsbürgertum. Viele Betriebe von Unternehmern, die sich durch ihr Engagement für den Nationalsozialismus politisch diskreditiert und von der Aufrüstung profitiert hatten, wurden bereits unmittelbar nach dem Ende des Zweiten Weltkrie-

ges von Arbeiterausschüssen oder „antifaschistischen Komitees" übernommen. Sequestrierungskommissionen verwalteten das enteignete
Vermögen. Nach dem Volksentscheid zur „Enteignung der Kriegs- und
Naziverbrecher", der am 30. Juni 1946 in Sachsen abgehalten wurde,
setzte schließlich die Verstaatlichung der Industriebetriebe ein. Die entstandenen VEB wurden 1948 zu VVB und in den fünfziger Jahren zu
industriellen Kombinaten zusammengeschlossen.

Demgegenüber blieb der gewerbliche Mittelstand länger in priva-
tem Eigentum. Während bis 1949 rund 40 Prozent der Industrieunter-
nehmen enteignet wurden, belief sich dieser Anteil im Handwerk auf
20 Prozent. Seit 1948/49 trieb das SED-Regime aber auch die Kollektivierung des „alten" Mittelstandes voran. Die Einführung einer Be-
schäftigungsgrenze (zehn Mitarbeiter) und eine neue Steuerordnung
drängten Handwerker in die Genossenschaften, deren Attraktivität zugleich durch ihre bevorzugte Versorgung mit Material wuchs. Da das
Arrangement zwischen dem gewerblichen Mittelstand und der SED-
Führung zerbrechlich blieb und Handwerksbetriebe zur Versorgung der
Bevölkerung benötigt wurden, schloss die SED-Führung den Kollekti-
vierungsprozess in diesem Sektor erst 1972 offiziell ab. Jedoch konnten
Handwerksbetriebe grundsätzlich auch weiterhin von Privatpersonen
bewirtschaftet werden.

Mit der Bildung der Deutschen Wirtschaftskommission (DWK)
am 4. Juni 1947, deren Kompetenzen 1948 erweitert wurden, verloren
die Betriebsleiter auch die Kontrolle über die Produktion, die von den
Räten der Bezirke und Kreise geplant und überwacht wurde. Nur vorübergehend erhielten die Leitungen der Betriebe nach dem Übergang
zum NÖS, das den Gewinn zum Leistungsmaßstab erhob und neue
wirtschaftliche Anreize zur Steigerung der Produktion einführte, in den
sechziger Jahren mehr Selbstbestimmung. Da die SED-Führung aber
vor der Rückkehr zu einer marktwirtschaftlichen Ordnung zurück-
schreckte, führte die Reformpolitik zu einer Wirtschaftskrise, die
schließlich den Abbruch des ÖSS rechtfertigte. Bis zum Ende der DDR
blieb die industrielle Erzeugung dem Dirigismus des Herrschaftsapparates unterworfen, in dem die 1958 gebildete Staatliche Plankommis-
sion eine herausragende Stellung gewann. Unternehmer hatten in dieser
Wirtschaftsordnung keinen Platz.

Die sozialstrukturelle Auflösung des Wirtschaftsbürgertums ging
mit seiner politischen Entmachtung einher. Unter dem Druck der Entnazifizierungspolitik und des damit verbundenen „Antifaschismus"-
Postulats setzte schon in den ersten Nachkriegsjahren der Zerfall wirt-
schaftsbürgerlicher Milieus ein. Die Verstaatlichung der Wirtschaft

Kollektivierung des Kleingewerbes

Betriebsleitungen in der Planwirtschaft

Entmachtung des Wirtschaftsbürgertums

nahm den Industrie-und Handelskammern (IHK) schrittweise ihren Einfluss. Nach dem Wechsel des Führungspersonals, den das SED-Regime durch gezielte Eingriffe erzwang, wurden die IHK ab 1948 zunehmend für die Verstaatlichungs- bzw. Kollektivierungspolitik und die Wirtschaftslenkung eingesetzt. Sie verloren ihre Funktion als Selbstverwaltungsorgane der Industriellen und Gewerbetreibenden aber endgültig erst mit ihrer Neugründung 1953. Die Christlich-Demokratische Union (CDU) und die Liberaldemokratische Partei (LDP) waren bis 1950 so fest in den von der SED beherrschten „Block der antifaschistisch-demokratischen Parteien" eingebunden worden, dass sie wirtschaftsbürgerliche Interessen nicht mehr politisch vertreten konnten. Zudem wurden Interessenvertretungen, Vereine und Zeitungen, die dem wirtschaftsbürgerlichen Milieu bis zum Ende der Weimarer Republik Integrationskraft verliehen hatten, aufgelöst oder in die gesellschaftlichen Organisationen des SED-Regimes überführt.

Beharrungskraft bildungsbürgerlicher Milieus

Deutlich langsamer vollzog sich die Auflösung bildungsbürgerlicher Traditionsmilieus, deren Zusammenhalt der hohe politische Außendruck vorübergehend noch stärkte. Der Experten-Kult der Ingenieure, das unpolitische Bildungskonzept der Hochschullehrer und die Stilisierung der Ärzte zu „Künstlern" spiegelten den Führungsanspruch dieser gesellschaftlichen Gruppen als akademisch gebildete Wertelite wider. Auch der Rekurs der SED-Führung auf das bürgerlich-humanistische Erbe der „gebildeten Nation", die als Leitbild propagiert wurde, verlieh den bildungsbürgerlichen Milieus eine beträchtliche Beharrungskraft. Nach 1960/61 erlassenen Verordnungen konnten Ärzte ihre Praxen vererben und überlieferte Titel wie Sanitäts-, Medizinal- und Obermedizinalrat führen. Die offene Grenze, die bis 1961 eine Abwanderung dringend benötigter qualifizierter Ärzte, Ingenieure, Lehrer und Professoren in die Bundesrepublik ermöglichte, zwang die Partei- und Staatsführung in der DDR zu materiellen Konzessionen an bildungsbürgerliche Gruppen. Auch exklusive Geselligkeitsformen, z. B. in Intelligenzclubs und bei der Hausmusik, und der Besuch kirchlicher Traditionsschulen hielten bildungsbürgerliche Restmilieus bis in die sechziger Jahre zusammen.

Bildungsbürgerliche Gruppen

Die Milieubeharrung gründete auf der relativ stark ausgeprägten sozialstrukturellen Kontinuität des Bildungsbürgertums in der DDR bis zum Mauerbau. Dabei muss allerdings zwischen einzelnen Berufsgruppen unterschieden werden. Im Gegensatz zur Lehrerschaft und zu den Richtern, deren Sozialstruktur sich bereits in den ersten Nachkriegsjahren durch die Ausbildung von „Neulehrern" bzw. „Volksrichtern" schnell verändert hatte, war der Personalaustausch unter den Ärzten,

Professoren, Ingenieuren und Pfarrern begrenzt geblieben. Die Entnazifizierung dieser bildungsbürgerlichen Gruppen wurde großzügig vollzogen und die Selbstrekrutierungsquote war noch hoch. Die restriktive
Zulassungspraxis, mit der vor allem die Söhne und Töchter von Ärzten
und Pfarrern am Studium gehindert werden sollten, wurde in den fünfziger Jahren wiederholt zurückgenommen. Auch kirchliche Ausbil-
dungseinrichtungen bewahrten weitgehend ihre Selbstständigkeit, so
dass noch 1955 nur 16,8 Prozent der Theologiestudenten „Arbeiter-
und Bauernkinder" waren. Insgesamt schwankte die Politik des SED-
Regimes gegenüber den bildungsbürgerlichen Gruppen in den fünfziger Jahren zwischen Diskriminierung und Zugeständnissen, die vor allem aus dem hohen Bedarf an Fachkräften für den wirtschaftlichen
Wiederaufbau und die Versorgung resultierten.

Diese Ambivalenz kennzeichnet besonders die Zusammenset-   Hochschullehrer
zung der Hochschullehrer und Ingenieure. Die Sozialstruktur der Pro-
fessorenschaft veränderte sich in der DDR erst in den späten fünfziger
und sechziger Jahren tief greifend. Der Anteil der Professoren mit einer
Herkunft aus der Arbeiter- oder Kleinbauernschaft wuchs von 1951 bis
1962 von 7,7 auf 18,9 Prozent und stieg bis 1969 weiter auf 35,5 Prozent. Dagegen nahm der Anteil der Professoren, die aus bildungsbürgerlichen Familien stammten, von 1946 bis 1967 von 45,1 auf 18,4 Prozent ab. „Arbeiter-und-Bauern-Kader" waren in der Statushierarchie
der Hochschullehrerschaft in den fünfziger und sechziger Jahren von
Wissenschaftlichen Mitarbeitern und Assistenten zu Oberassistenten,
Dozenten und schließlich zu Professoren aufgestiegen. Das Ausmaß
und das Tempo des Personalwechsels variierten allerdings in den unterschiedlichen Institutionen und Disziplinen. So wiesen die neu gegründeten Hochschulen höhere Anteile der sozialen Aufsteiger auf als die
Universitäten. Während Arbeiter- und Bauernkinder in der Fächergruppe Wirtschaftswissenschaften, Jura, Marxismus-Leninismus und
Journalismus 1965 mehr als die Hälfte der Studierenden stellten, waren
sie in der Theologie und Medizin mit weniger als zehn Prozent eine
kleine Minderheit geblieben. In diesen Disziplinen hatten etablierte
Ordinarienkreise ihren Resteinfluss über die Zugangswege und Be-
rufungsstandards bewahren können. Auch in den technisch-naturwis-
senschaftlichen Fächern wurden 1965 lediglich rund 18 Prozent der
Professoren als „Arbeiter-und-Bauernkader" registriert. Weil das SED-
Regime in diesen Disziplinen die überlieferten Berufungskriterien und
-verfahren fortgeschrieben hatte, um sich die unabdingbaren Fachkräfte zu sichern, wiesen sie auch nur einen geringen Anteil von Partei-
mitgliedern auf. Demgegenüber entschied die Zugehörigkeit zur SED

in der Pädagogik und in der Fächergruppe Wirtschaftswissenschaften, Jura, Marxismus-Leninismus und Journalismus schon in den fünfziger Jahren über die Berufung. In allen Disziplinen blieben überdies Frauen signifikant unterrepräsentiert. Während die soziale Öffnung schrittweise gelang, wurde die geschlechtsspezifische Ungleichheit in den ostdeutschen Universitäten nur langsam verringert.

Ingenieure   Auch der Aufstieg von „Arbeiter- und Bauernkindern" zu akademisch qualifizierten Technikern wurde vor allem bis zum Bau der Mauer durch pragmatische Rücksichtnahmen gebremst. Nicht zuletzt wegen der Abwanderung nach Westdeutschland fehlten 1958 nach einer internen Analyse 30 000 Ingenieure. Allein von 1961 bis 1965 wuchs deshalb in den technischen Fächern die Zahl der Studierenden um 51,8 Prozent und in den darauf folgenden fünf Jahren nochmals um 62,2 Prozent. Da der Anteil der Arbeiter- und Bauernkinder aber nur langsam zunahm, führte die staatliche Hochschulverwaltung eine Quote ein. Dennoch konnte das Ziel, sechzig Prozent der Studienanfänger aus der Arbeiter- und Kleinbauernschaft zu gewinnen, nicht erreicht werden. Letztlich behinderte die Reglementierung des Zugangs zum Studium die Bildungsexpansion. Überdies trafen die Kampagnen zur Weiterqualifikation bereits ausgebildeter Ingenieure und die Einstellung von Ingenieurinnen in den fünfziger und sechziger Jahren auf den Widerstand der Betriebsleitungen, die technische Fachkräfte für die geforderte Steigerung der Produktion benötigten. Obgleich vor allem Frauen als Arbeitskräfte gewonnen werden sollten und ihr Studium deshalb kräftig gefördert wurde, wuchs der Anteil weiblicher Studierender in den technischen Fächern von 1958 bis 1964 nur von sieben auf neun Prozent. Frauen stellten 1964 aber bereits 7,5 Prozent der Ingenieure und hatten ihren Anteil an dieser Berufsgruppe seit 1950 damit mehr als verdoppelt. Jedoch waren mit dieser Zunahme geschlechtsspezifische Differenzierungen keineswegs beseitigt, denn innerhalb der technischen Fachrichtungen trennten weiterhin unterschiedliche Ausbildungswege und Berufsbilder Frauen und Männer.

„Neue sozialistische   Im Gegensatz zu den älteren Ingenieuren, deren Abwerbung in
Intelligenz"   die Bundesrepublik das SED-Regime durch finanzielle Vergünstigungen zu verhindern suchte, erhielten die jungen Hoch- und Fachschulabsolventen keine lukrativen „Einzelverträge". Die Spannungen und Konflikte, die sich aus dieser Zurücksetzung gegenüber ihren älteren Kollegen herausbildeten, lösten sich erst auf, als mit dem Generationswechsel in den späten sechziger Jahren die Herausbildung der „neuen technischen Intelligenz" abgeschlossen war. In den Betrieben wurden die Ingenieure mit ineffizienten Leitungs- und Produktions-

strukturen konfrontiert, die ihrem überlieferten Berufsethos ebenso widersprachen wie die Verzögerungen bei der Übernahme von Neuentwicklungen in die Erzeugung. Zudem trafen die technischen Fachkräfte, die offiziell umworben wurden, hier auf die antiintellektuellen Ressentiments vieler Arbeiter. Vor allem die älteren Ingenieure schirmten sich deshalb gegen politische Forderungen und Zumutungen ab, indem sie das überlieferte technizistische Selbstverständnis als akademische Fachelite betonten. Dieses Berufsbild war mit der Reformpolitik des NÖS durchaus vereinbar, die auf den wissenschaftlich-technischen Fortschritt als „Produktivkraft" abhob und Leistungskriterien gegenüber politischer Loyalität aufwertete. Wegen ihrer widersprüchlichen Politik, dem Gegensatz von zentraler Steuerung und betrieblicher Eigendynamik und dem Generationskonflikt konnte die SED-Führung erst in den sechziger Jahren eine „neue sozialistische Intelligenz" formieren, die nach der leninistischen Ideologie als heterogene „Zwischenschicht" der „Diktatur des Proletariats" dienen sollte.

Insgesamt vollzog sich in der DDR-Gesellschaft schon in den fünfziger Jahren eine weit reichende Entbürgerlichung. Dabei zerfielen das Wirtschaftsbürgertum und sein Milieu deutlich schneller als bildungsbürgerliche Gruppen und Lebenswelten. Während zumindest bis zum Mauerbau pragmatische Konzessionen an besonders dringend benötigte Berufsgruppen unausweichlich waren, ging aber auch die Geltungskraft bildungsbürgerlicher Leitbilder, Lebensformen und Mentalitäten im Generationswechsel zurück. Mit der „Brechung des bürgerlichen Bildungsprivilegs" entstand im zweiten deutschen Staat in den fünfziger und sechziger Jahren schrittweise eine „neue sozialistische Intelligenz", deren Sozialstruktur freilich heterogen blieb. Sie umfasste nicht nur Akademiker, sondern auch hoch qualifizierte Fachkräfte in Betrieben, Schulen und Universitäten. Obgleich traditionelle Werte und Selbstbilder in der neuen Schicht einflussreich blieben, verloren die Professionen ihre weitgehende Autonomie, zumal eine berufsständische Organisation unterbunden wurde. Überdies büßten Leistungsanreize und Fachwissen in den siebziger und achtziger Jahren ihren Stellenwert als vorherrschende Handlungs- und Rationalitätskriterien ein. Ein „sozialistischer Professionalismus" (D. Augustine) konnte sich im ostdeutschen Staatssozialismus deshalb nicht entwickeln. Nicht zuletzt die „Kaderpolitik" des SED-Regimes hatte aber das Wirtschafts- und Bildungsbürgertum zerstört. Mit der Entdifferenzierung der bürgerlichen Gruppen und Milieus setzten die Machthaber ihren Herrschafts- und Leitungsanspruch letztlich durch.

Entbürgerlichung und Deprofessionalisierung

5.4 Funktionäre

Ziele der „Kaderpolitik" Das Ziel der „Kaderpolitik" in der DDR war aber vorrangig die Herausbildung einer politisch loyalen und fachlich kompetenten Macht- und Funktionselite. Bis zu den fünfziger Jahren vollzog sich in der SBZ und frühen DDR deshalb ein umfassender Elitenwechsel, dessen Ausmaß zwar variierte, der aber – im Unterschied zur nationalsozialistischen Diktatur – auch traditionelle wirtschaftliche und gesellschaftliche Führungsgruppen schon früh erfasste. Bei der Rekrutierung neuer Leitungskräfte erwiesen sich – wie die Formierung der „neuen Intelligenz" zeigt – besonders das „Antifaschismus"-Konzept und die egalitäre Gesellschaftsprogrammatik als attraktiv. Die soziale Exklusivität und Isolierung sollten zugunsten einer Öffnung gegenüber der Gesellschaft aufgehoben werden. Dieser Programmatik widersprachen aber nicht nur die leninistische „Avantgarde"-Doktrin und die – oft verborgenen – Privilegien, welche sich die Spitzenfunktionäre des SED-Regimes gewährten. Vielmehr wurden in der staatssozialistischen Diktatur auch Fachkräfte benötigt, deren Leistung prämiiert werden musste. Da der berufliche Aufstieg finanziell oft wenig attraktiv war, bildete sich in der DDR ein differenziertes System von Vergütungen, Auszeichnungen und materiellen Privilegien heraus, das Funktionseliten gesellschaftliches Ansehen verlieh. Ebenso umfassend und vielschichtig war das Spektrum der Strafen, das Funktionäre zu hohen Leistungen und Loyalität zwingen sollte. Sanktionen drohten vor allem Leitungskräften, die von dem jeweils maßgeblichen politischen Kurs abwichen und Arbeitsanforderungen – so Produktionspläne – nicht erfüllten. Spitzenfunktionäre führten Fehlentwicklungen kaum auf strukturelle Probleme und Defizite zurück, sondern weitgehend auf moralische und persönliche Schwächen der mit den Aufgaben jeweils betrauten Fachkräfte.

Instrumente der „Kaderarbeit" Diese Delegation von Verantwortung entsprach nicht nur dem Interesse der Machtelite, ihren Herrschafts- und Führungsanspruch als „Avantgarde des Proletariats" zu bewahren, sondern auch einem Ideal des „Kaders", das politische Loyalität und Fachwissen mit einer moralisch-charakterlichen Vorbildrolle kombinierte. Mit der Übernahme des sowjetischen Systems der „Nomenklatura", das Listen von Führungspositionen mit den dafür vorgesehenen Leitungskräften umfasste, wurde die „Kaderpolitik" des SED-Regimes ab 1949 verstärkt und systematisiert. In den Betrieben und Verwaltungen führten gesonderte Abteilungen „Kaderakten", die nicht nur einen effektiven Einsatz der jeweils beschäftigten Fachkräfte gewährleisten sollten, sondern auch der politischen Kontrolle und der Eindämmung der Arbeitsfluktuation dienten.

Die Machtelite war in der staatssozialistischen Diktatur eine mo- „Kader" und
nopolistische Führungsgruppe mit zentraler Machtstruktur, einheitli- Nomenklatur
chen Interessen, uniformer Ideologie und einer homogenen sozialen
Zusammensetzung. Ihr werden in der Forschung 500 bis 600 Personen
zugerechnet, aus denen die rund 40 Spitzenfunktionäre des ZK und seines Politbüros herausragten. Die Parteiführung und die leitenden, mittleren und unteren Funktionäre in Parteien, Massenorganisationen,
staatlichen Institutionen, Kultur und Wirtschaft umfassten rund 250 000
Personen, die in die Nomenklatur aufgenommen worden waren. Während die Positionen der Führungskräfte deutlich konturiert sind und
leicht bestimmt werden können, sind ihre Reputation und ihr Ansehen
nur schwer zu erfassen.

Nach dem Zusammenbruch des „Dritten Reiches" begannen die Installierung einer
drei „Initiativgruppen", die von den KPD-Funktionären Walter Ulbricht, neuen Machtelite
Anton Ackermann und Gustav Sobottka geleitet wurden, unter dem
Schutz der Roten Armee und unter der Kontrolle der SMAD im Früh-
sommer 1945 mit der Einrichtung einer neuen politischen Führungs-
struktur und dem Wiederaufbau der Staatsverwaltung. Im Zentralkomi-
tee der KPD, das nach der erzwungenen Vereinigung der Partei mit der
SPD im April 1946 in ein Zentralsekretariat umgebildet wurde, dominierten schon früh kommunistische Funktionäre, die nach der „Macht-
ergreifung" der Nationalsozialisten nach Moskau geflohen und dort seit
1943 gezielt auf ihren Einsatz im Nachkriegsdeutschland vorbereitet
worden waren. Diese Gruppe errang aber erst mit der Stalinisierung, die
frühere Sozialdemokraten und „Westemigranten" in der SED-Führung
ihres Einflusses beraubte, die Vorherrschaft in der sich festigenden Diktatur. Die Spitzenfunktionäre, unter denen Ulbricht in den fünfziger Jahren zum unumschränkten Partei- und Staatschef aufstieg, legitimierten
ihre Herrschaft nicht zuletzt mit ihrer Herkunft aus der „Arbeiterschaft".
Jedoch blieb die Machtelite auch bürgerlichen Werten und Zielen wie
dem Bildungsideal und einer gehobenen Lebensführung verpflichtet.

Die Mitglieder und Kandidaten des ZK und der Zentralen Revisi- Sozialstruktur der
onskommission der SED waren bis zu den achtziger Jahren nahezu SED-Führung
ausnahmslos Männer. Das Durchschnittsalter nahm in dieser Gruppe von
den fünfziger bis zu den späten achtziger Jahren um mehr als zehn Jahre
zu. Auch die sinkende Erneuerungsquote verweist auf die zunehmenden
Blockaden beim Aufstieg in die Parteiführung. Zugleich wuchs aber ihre
professionelle Qualifikation, wie der steigende Anteil der Hochschulabsolventen an den Mitgliedern und Kandidaten des ZK zeigt.

Während sich der Wechsel der Machtelite nach dem Zweiten Wechsel der
Weltkrieg abrupt vollzog, wurden Führungskräfte in der Staatsverwal- Funktionseliten

tung und in den Betriebsleitungen vielfach erst in den fünfziger Jahren schrittweise verdrängt. Zuvor mussten neue Lehrer, Richter, Polizisten und Professoren in Sonderkursen und in den Vorstudienanstalten geschult werden, die 1946 gegründet und drei Jahre später in „Arbeiter- und Bauern-Fakultäten" (ABF) umgebildet wurden. Auch die im Juni 1946 offiziell gegründete Freie Deutsche Jugend (FDJ) wurde zur Rekrutierung und politischen Erziehung neuer „Kader" genutzt. Überdies förderte die SED-Führung die Zulassung von „Arbeiter- und Bauernkindern" zu den Schulen und Universitäten, indem sie diesen Institutionen Quoten auferlegte. Noch in den fünfziger Jahren zwangen aber der Mangel an geeignetem personellem Ersatz und die offene Westgrenze zu Konzessionen gegenüber Fachkräften, die bereits vor 1945 Führungspositionen eingenommen hatten. Zudem bremsten die Schranken bildungsferner proletarischer Milieus bis zu den sechziger Jahren den Wechsel der wirtschaftlichen und gesellschaftlichen Funktionseliten. Nicht zuletzt ist in Rechnung zu stellen, dass sogar nach dem Personalwechsel traditionelle Werte und Handlungsformen einflussreich blieben. So hielten auch „Neulehrer", die 1947 fast zur Hälfte der SED angehörten, an humanistischen Bildungsidealen fest. Insgesamt schränkten überlieferte Normen und Mentalitäten die Identifikation der neuen Funktionseliten mit dem SED-Regime und damit die Loyalität gegenüber der politischen Führung ein.

„Neulehrer" und „Volksrichter"   Die Machtelite richtete ihre „Kaderpolitik" in den ersten Nachkriegsjahren vor allem auf die personelle Erneuerung der Lehrer- und Richterschaft. Schnell ausgebildete „Neulehrer" und „Volksrichter" sollten die Fachkräfte ersetzen, deren Entlassung unter dem Banner des „Antifaschismus" als Entnazifizierung deklariert wurde. Von 1945 bis 1953 durchliefen rund 60 000 Neulehrer Schnellkurse. In den fünfziger Jahren rückten Neulehrer und Volksrichter vereinzelt sogar in die Schul- bzw. Justizverwaltungen auf. Zudem setzte die SED-Führung in den Polizeikräften, die das Rückgrat des politisch wichtigen Sicherheitsbereiches bildeten und auch zur Wiederherstellung der gesellschaftlichen Ordnung benötigt wurden, einen schnellen und umfassenden Wechsel des Führungspersonals durch.

Elitenwechsel in den Betrieben   Dagegen vollzog sich der Elitenwechsel in den Leitungen der Industriebetriebe deutlich langsamer und in mehreren Schüben. Zunächst setzten die sowjetischen Generaldirektoren in vielen SAG schon 1945 – auch gegen den Widerstand von Betriebsräten – neue Leitungen ein; in den anderen Unternehmen bremste aber der Mangel an qualifizierten Fachkräften den Austausch von Leitungspersonal, den die Entnazifizierungspolitik herbeiführen sollte. Mit dem Übergang zum Aus- und

Aufbau der Schwerindustrie ergaben sich in den späten vierziger und frühen fünfziger Jahren neue Chancen sozialen Aufstiegs, die von Arbeitern, besonders aber von technischen Angestellten – Meistern und Ingenieuren – genutzt wurden. In den fünfziger Jahren rückten auch junge Facharbeiter in die Betriebsleitungen auf, die Fachschulen besucht hatten. Daneben erreichten schon einzelne Absolventen der ABF die betriebliche Führungsebene. Insgesamt beschleunigte das wachsende Bildungsangebot, das auch mit der Einrichtung des Fachschulabend- und Fachschulfernstudiums bereitgestellt wurde, nicht nur die Weiterqualifikation, sondern auch die Ausbildung junger „Wirtschaftsfunktionäre", die seit den sechziger Jahren betriebliche Führungspositionen einnahmen. Aufsteiger aus der Arbeiterschaft blieben überwiegend an ihre Herkunftsmilieus gebunden, zumal sie egalitäre Werte bewahrten. Jedoch verzögerten das Eigeninteresse von Betriebsleitungen, die Facharbeiter vielfach nicht zur Weiterqualifikation freigaben, den Elitenwechsel ebenso wie Lohn- und Einkommensregelungen, die Brigadiere und Facharbeiter gegenüber den Ingenieuren und Meistern begünstigten. Überdies schreckten der politische Druck und die hohe Arbeitsbelastung durch die Vielzahl der Verwaltungsaufgaben von einem Aufstieg in die Betriebsleitungen ab. Insgesamt vollzog sich in den fünfziger und sechziger Jahren aber ein schneller Aufstieg junger Führungskräfte. Zugleich beschleunigte sich die Professionalisierung des Leitungspersonals, wie der wachsende Anteil der Hoch- und Fachschulabsolventen zeigt.

Auch in den einzelnen Gemeinden und Wohnvierteln waren Funktionäre an die Weisungen der jeweils übergeordneten Dienststellen der Partei (den Bezirks- und Kreisleitungen) gebunden und zugleich staatlichen Institutionen – Räten der Bezirke bzw. der Kreise – unterstellt. Als „„Grenzwächter' vor Ort" (T. Lindenberger) oblag den Funktionären die Kontrolle des gesellschaftlichen Engagements, das die SED-Führung einerseits forderte, andererseits aber einschränkte, damit es nicht das Herrschaftsmonopol der Machthaber in Frage stellte. Bei ihrer Arbeit waren die örtlichen Funktionäre auf die Kooperation oder zumindest Konformität der Beherrschten angewiesen, so dass sich vielerorts zweckgebundene Allianzen herausbildeten, in denen die unterschiedlichen Interessen in einem informellen Beziehungsgeflecht ausgehandelt wurden. Obgleich sie letztlich über die entscheidenden Sanktionsmittel verfügten, zogen Partei- und Staatsfunktionäre ebenso wie Angehörige und Abschnittsbevollmächtigte (ABV) der Volkspolizei dabei oft pragmatische Kompromisse vor, mit denen sie ihre Ziele ohne Aufsehen erregende Konflikte erreichen konnten.

Mittlerrolle lokaler Funktionäre

II. Grundprobleme und Tendenzen der Forschung

1. Gesellschaft als politische Veranstaltung?
Rahmenbedingungen und Untersuchungsansätze

Der Zerfall der SED-Diktatur in der DDR und die Vereinigung der beiden deutschen Staaten veränderten auch die Rahmenbedingungen der sozialgeschichtlichen Forschung über den zweiten deutschen Staat. Vor allem der weitestgehend uneingeschränkte Zugang zu den Archivalien hat der historischen Forschung hervorragende Arbeitsbedingungen eröffnet. Auch die anhaltende politische Diskussion, die sich freilich oft auf die politische Unterdrückung und besonders die Aktivitäten des MfS verengt hat, verlieh der Historiographie zur DDR kräftige Impulse [69: H. WEBER, Stand]. Vor allem in neuen außeruniversitären Einrichtungen, die sich ausschließlich oder vorrangig der historischen DDR-Forschung widmen, konnten Untersuchungen begonnen werden, für die in den neunziger Jahren erhebliche öffentliche Mittel bereitgestellt wurden. Auch außerhalb des vereinigten Deutschlands hat sich die Geschichtsschreibung zum zweiten deutschen Staat nach seinem Ende verstärkt, so in Großbritannien. Inzwischen geht das Interesse für die Geschichte der DDR jedoch offenbar zurück. So hat der Anteil dieses Themenfeldes an der Lehre an deutschen Universitäten seit Mitte der neunziger Jahre abgenommen [64: A. PASTERNACK, Gelehrte DDR, 65–72]. Forschungs-bedingungen nach 1989/90

Die Historiographie zur DDR war besonders in den frühen neunziger Jahren eng mit einer breiteren gesellschaftlichen und politischen „Aufarbeitung" der Geschichte des zweiten deutschen Staates verwoben. Deutungen dieser soeben vergangenen Geschichte haben Biographien berührt und unterschiedliche Erfahrungen und Erinnerungen geweckt. Diese enge Bindung an die öffentliche Debatte hat der Forschung aber nicht nur breite Aufmerksamkeit und beträchtliche Unterstützung gesichert, sondern auch die notwendigen Auseinandersetzungen über Interpretationen und Untersuchungsansätze personali- Tendenzen der Historiographie siert und politisiert [vgl. 66: K. SCHROEDER/J. STAADT, Zeitgeschichte; 60: C. KLESSMANN/M. SABROW, Zeitgeschichte]. Darüber hinaus hat die abrupte Öffnung der Archive die schnelle Veröffentlichung einzelner Akten nach dem „Prinzip des ‚Windhundrennens'" [68: H. WEBER, Stand, 13] und eine kleinschrittige Forschung gefördert, die auf einer Vielzahl empirischer Studien zu eng begrenzten Themenfeldern basiert. Demgegenüber fehlen historisch-vergleichende und beziehungsgeschichtliche Arbeiten. Eine umfassende Bilanz der historischen DDR-Forschung bieten die Beiträge zu der 2003 veröffentlichten Festschrift des Nestors der westdeutschen Geschichtsschreibung zum zweiten deutschen Staat, Hermann Weber. Dieser Band enthält auch instruktive Forschungsberichte zu Befunden und Problemen sozialgeschichtlicher Studien [50: R. EPPELMANN/B. FAULENBACH/U. MÄHLERT, Bilanz, 229–307; dazu 61: J. KOCKA, Bilanz; vgl. 22: R. EPPELMANN, Lexikon, 499–501; 51: B. FAULENBACH/M. MECKEL/H. WEBER, Partei, 42–56].

Auch eine Vielzahl weiterer Bände zeigt, dass sich die neuere wissenschaftliche Arbeit bislang weitgehend auf das Verhältnis zwischen der zentralistischen Herrschaft und dem gesellschaftlichen Wandel konzentriert hat [vgl. vor allem 19: R. BESSEL, Grenzen; 24: T. GROSSBÖLTING, Diktatur; 28: D. HOFFMANN, DDR; 31: K. H. JARAUSCH, Dictatorship; 32: H. KAELBLE, Sozialgeschichte; 38: D. VAN MELIS, Sozialismus; 40: J. OSMOND, State; vgl. auch 125: C. ROSS, East German Dictatorship]. Überblicksdarstellungen zu wichtigen Problemen enthält – nach Stichwörtern geordnet – auch das „Handbuch zur deutschen Einheit 1949–1989–1999" [16].

Forschungsfelder   Schon 1994 waren in einer Umfrage 750 neue Forschungsprojekte zur Geschichte des zweiten deutschen Staates benannt worden. Während in den frühen neunziger Jahren politikhistorische Studien dominierten, hat sich das Interesse seit 1994 zunehmend sozial- und wirtschaftshistorischen Problemen zugewandt. Auch das Alltagsleben in der DDR ist verstärkt untersucht worden [vgl. 112: T. LINDENBERGER, Herrschaft; 252: E. BADSTÜBNER, Leben; 261: L. MERTENS, Diktatur]. Insgesamt hat sich die Historiographie zur Gesellschaft der DDR in den neunziger Jahren enorm intensiviert. Allein die Berichte der Enquete-Kommissionen des Deutschen Bundestages zur „Aufarbeitung von Geschichte und Folgen der SED-Diktatur in Deutschland" (1992–1994) [11] und zur „Überwindung der Folgen der SED-Diktatur im Prozess der deutschen Einheit" (1995–1997) [12: MATERIALIEN DER ENQUETE-KOMMISSION] umfassen zusammen 27 000 Druckseiten. Die Vielzahl der z.T. umfangreichen Studien zu einzelnen Aspekten der sozialen Entwicklung, zu den gesellschaftlichen Prozessen und Strukturen, zum

Alltagsleben und zu kulturgeschichtlichen Fragestellungen ist sogar für Spezialisten kaum noch überschaubar. So waren 1999 im „Jahrbuch der historischen Forschung in der Bundesrepublik" 224 Forschungsvorhaben verzeichnet, zehn Jahre zuvor dagegen lediglich 67. Jedoch behandelten in den Jahren 1990 bis 1997 nur rund drei Prozent der Projekte, die zur Geschichte der DDR in Angriff genommen wurden, die sechziger und siebziger Jahre [69: H. WEBER, Stand, 255]. Überdies fehlen zu wichtigen sozialgeschichtlichen Themenfeldern wie der Entwicklung der Familien-, Generationen- und Geschlechterbeziehungen weiterhin detaillierte Untersuchungen.

In dem politisch-sozialen Umbruch, den der Zerfall der SED-Diktatur und die Vereinigung der beiden deutschen Staaten 1989/90 herbeiführte, entwickelte sich zur Geschichte der DDR eine Auseinandersetzung, in der unterschiedliche Interessen, Lebenswelten und Erfahrungsdimensionen aufeinander prallten. Einerseits ist die DDR – so auch von vielen Politikern, die den beiden Enquete-Kommissionen des Bundestages zur Aufarbeitung der SED-Diktatur mitarbeiteten – als „Unrechtsstaat" ohne politische Legitimation gedeutet worden. Diese Sicht betont die sowjetische Besatzung als Entstehungsrahmen und die diktatorische Herrschaftspraxis, rückt die Repression und Verfolgung im zweiten deutschen Staat in das Zentrum der Darstellung und geht vom Scheitern der DDR aus, deren Entwicklung einlinig als „Untergang auf Raten" [39: A. MITTER, Untergang; ähnlich jetzt 313: R. STEININGER, Anfang, 105–107] interpretiert worden ist. Dieser kritischen Perspektive, der freilich eine Überschätzung abweichenden Verhaltens und ihre Fixierung auf das Ende des SED-Regimes vorgeworfen worden ist [52: M. FULBROOK, Politik, 660–462, 470; 23: M. FULBROOK, Anatomy, 172], steht eine verharmlosende Deutung gegenüber, die in der SBZ demokratische Potenziale identifiziert und die „Normalität" des gesellschaftlichen Lebens in der staatssozialistischen Diktatur hervorhebt. Nach dieser Interpretation ist die Herausbildung des SED-Regimes letztlich auf die Terrorherrschaft der Nationalsozialisten und ihre Folgen zurückzuführen. Auch die Verweise auf den „antifaschistischen" Neuanfang und die humanistisch-demokratischen Impulse in der SBZ sollen der DDR letztlich eine Restlegitimität verleihen [vgl. z. B. die Beiträge in: 33: D. KELLER, Ansichten]. Diese gegensätzlichen Interpretationen ergeben sich nicht nur aus den unterschiedlichen Perspektiven der Ost- und Westdeutschen und sind auch nicht nahtlos auf den Unterschied zwischen den Sichtweisen der rückblickenden Historiker und der einfühlenden Zeitgenossen zurückzuführen. Vielmehr variieren sowohl die zeitgenössischen Erfahrungen als auch die histo-

Allgemeine Deutungen der DDR-Geschichte

riographischen Deutungen. Vermittelnde Positionen betonen die Vielschichtigkeit und Widersprüchlichkeit der SED-Diktatur und des Alltagslebens in der DDR. Die diktatorische Herrschaft – so ist argumentiert worden – habe die Lebenswelten der Menschen im ostdeutschen „Ansteckungsstaat" [115: C. S. MAIER, Geschichtswissenschaft] tief durchdrungen und den Menschen einen festen Handlungsrahmen auferlegt, ohne damit aber abweichendes Verhalten vollständig unterbinden zu können. Dieser Sicht ist das Plädoyer für eine „kritische Historisierung" verpflichtet, die einfühlendes Verstehen mit distanzierendem Erklären verknüpfen soll [M. FULBROOK, in: 40: 281–286].

Historiographie in der Bundesrepublik bis 1989

Vor 1989 war die Historiographie zur DDR in beiden deutschen Staaten vom Ost-West-Konflikt, aber auch von allgemeinen Forschungstrends geprägt [49: G. BRAUN, Geschichte, 278]. In der Bundesrepublik blockierte das Paradigma der „Sowjetisierung", das als direkte und lineare Übertragung des stalinistischen Herrschaftsmodells auf die DDR gefasst wurde, in den fünfziger Jahren weitgehend sozialgeschichtliche Forschungen. Demgegenüber regte der modernisierungstheoretisch orientierte Untersuchungsansatz der „systemimmanenten" Forschungsrichtung in den sechziger und siebziger Jahren detaillierte Studien zum Erneuerungspotenzial der staatssozialistischen Gesellschaft an. Freilich wurde das Ausmaß des sozialen Wandels dabei ebenso überschätzt wie die Reformfähigkeit des politischen Systems, dem eine Öffnung zu einem „konsultativen Autoritarismus" bescheinigt wurde [201: P. C. LUDZ, Parteielite, bes. 324–327]. Letztlich blieb der Primat politischer Entscheidungen in der DDR jedoch unangefochten [82: G. A. RITTER, DDR, 180]. Allerdings litten diese Untersuchungen ebenso wie die kritischeren Darstellungen, die in den achtziger Jahren veröffentlicht wurden, unter dem eingeschränkten Zugang zu Quellen [56: P. HÜBNER, Stand, 446]. Insgesamt war die westdeutsche Historiographie zur DDR in den siebziger und achtziger Jahren aber deutlich schwächer von den politischen Abgrenzungsritualen des Ost-West-Konfliktes geprägt als in den vorangegangenen Jahrzehnten [M. FULBROOK, in: 50: 369].

Historiographie in der DDR vor 1989

In der DDR, wo die differenzierteren, sozialgeschichtlichen Deutungen der bundesrepublikanischen Historiographie als „veränderte Taktik der westdeutschen Monopolbourgeoisie" diffamiert wurden [71: R. BADSTÜBNER, Geschichtsbild, 502], bildete sich erst seit den späten fünfziger Jahren eine zeitgeschichtliche Forschung heraus, die – im Unterschied zur Bundesrepublik – auf die Epoche seit 1945 beschränkt blieb. Wegen des vorherrschenden Ziels der SED-Führung, ihre Herrschaft zu legitimieren, dominierten politikgeschichtliche Studien bis zu den achtziger Jahren nahezu uneingeschränkt [56: P. HÜBNER, Stand, 439 f., 443]. Demgegenüber gingen von kulturwissenschaftlichen Untersuchungen schon seit den sechziger Jahren Impulse für sozialgeschichtliche Forschungen aus, auch für Studien zur DDR. Das Konzept der „Lebensweise", das auf eine Erforschung des Alltagslebens – vor allem der „Arbeiterklasse" – zielte, wurde zwar in den achtziger Jahren in umfassenden volkskundlichen Studien genutzt, die auch den sozialen Wandel nach dem Zweiten Weltkrieg einbezogen; es richtete sich aber gegen die westdeutsche Sozialgeschichtsschreibung, die amtlicherseits als subversiv galt [58: G. IGGERS, DDR, 241–258, sowie 59: M. KEHL, Volkskunde). Das offiziell vertretene Konzept der „marxistischen Sozialgeschichte", nach dem die gesamte Historiographie umstandslos als Sozialgeschichte definiert wurde, band gesellschaftshistorische Untersuchungen eng an die jeweils herrschende politische „Linie" des SED-Regimes. Relativ unabhängige sozialgeschichtliche Studien konnten in den Universitäten und Forschungsinstitutionen deshalb nur von einzelnen Historikern betrieben werden [vgl. 55: H. HANDKE, Sozialgeschichte; 58: G. IGGERS, DDR, 333 f.; 338; 62: W. KÜTTLER, Platz, 59–61, 65 f.].

Jedoch verstärkte sich in den achtziger Jahren die Historiographie zur Sozialgeschichte der DDR. Die Unterscheidung zwischen „Erbe" und „Tradition" brach erstmals den historisch-teleologischen Determinismus auf, der die Geschichtsschreibung in den Dienst der politischen Rechtfertigung gestellt und damit zur „rückprojizierten Gegenwart" [44: H. WEBER, DDR, 108] herabgestuft hatte. Das Konzept des „Erbes" ließ auch die Untersuchung von geschichtswissenschaftlichen Problemen, Fragestellungen und Themen zu, die – im Gegensatz zur „Tradition" – nicht direkt zur historischen Legitimation des SED-Regimes genutzt werden konnten [Überblick in: 65: 11 f.]. Da zugleich die Fixierung auf die Politikgeschichte abnahm, intensivierte sich die Historiographie zur gesellschaftlichen Entwicklung der DDR. So wurden im zweiten deutschen Staat umfassende Studien zur sozialen Lage von Industriearbeitern, zum Strukturwandel der ländlichen Gesellschaft und zur Eingliederung der Flüchtlinge abgeschlossen. 1985 lag sogar ein Studienband zur Sozialgeschichte der DDR vor, der allerdings nicht veröffentlicht wurde, und auch der vier Jahre später publizierte neunte Band der „Deutschen Geschichte" enthält zahlreiche Kapitel zur Entwicklung der Gesellschaft in der SBZ. Da mit dem Rekurs auf national-preußische Traditionen, der in den achtziger Jahren der Identitätsstiftung dienen sollte, auch das „Heimat"-Konzept ideologisch aufgewertet wurde, öffneten sich überdies neue Freiräume für die regional- und lokalhistorische Forschung [57: P. HÜBNER, Sozialgeschichte, 53; 49: G. BRAUN, Geschichte, 279].

Herrschaft und Gesellschaft in der DDR Nach 1990 ist die sozialgeschichtliche Forschung zur DDR besonders von der Auseinandersetzung über das Verhältnis von Herrschaft und Gesellschaft in der staatssozialistischen Diktatur, der Debatte über die jeweiligen Vorzüge und Grenzen mikro- und makrohistorischer Untersuchungsansätze sowie der Diskussion über den Egalitätsanspruch und die Herausbildung neuer sozialer Ungleichheit geprägt worden. Zahlreiche Studien zur Gesellschaft der DDR haben sich aber auch mit der Alltagskultur und der Entwicklung von Milieus befasst. Wichtige Untersuchungsansätze, Probleme und Themen der neueren sozialgeschichtlichen Forschung sind jüngst von T. LINDENBERGER skizziert worden [in: 50: 239–245], der ebenso wie M. FULBROOK konzeptionelle Überlegungen zur engeren Verzahnung einer Politik- und Sozialgeschichte der DDR zur Diskussion gestellt hat [in: 40: 289–296].

Theoretische Einbettung Studien zum Verhältnis von politischer Herrschaft und gesellschaftlicher Entwicklung sind besonders nachhaltig von der Auseinandersetzung zwischen totalitarismustheoretisch inspirierten Untersuchungsansätzen und modernisierungstheoretischen Interpretationen der DDR-Geschichte beeinflusst worden. Die Deutungskonflikte zwischen diesen Forschungsrichtungen können eng auf die Debatte über Untersuchungsansätze bezogen werden, die auf einen Diktaturenvergleich oder eine historisch-komparative bzw. beziehungsgeschichtliche Untersuchung der beiden deutschen Staaten zielen [vgl. 47: A. BAUERKÄMPER, Erbe, 170–177]. Diese breiten analytischen Perspektiven lenken den Blick auch auf den Stellenwert „langfristiger historischer Kontinuitäten, die sich unterhalb der revolutionären Brüche und des Wechsels der Herrschaftssysteme erhalten haben" [65: G. A. RITTER, Umbruch, 30]. Damit kann die „Selbstreferenzialität und Selbstisolierung" [61: J. KOCKA, Bilanz, 768] der neueren DDR-Forschung überwunden werden.

Diktaturenvergleich In der Historiographie zum zweiten deutschen Staat haben totalitarismustheoretische Untersuchungsansätze vor allem vergleichende Studien zur staatssozialistischen und nationalsozialistischen Diktatur angeregt [vgl. z. B. die Beiträge in: 86: F. BOLL, Verfolgung; 95: L. KÜHNHARDT, Diktaturerfahrung]. So hat H. MÖLLER – ausgehend von dem fundamentalen Gegensatz von Diktaturen – die Ähnlichkeiten zwischen dem „Dritten Reich" und der staatssozialistischen Diktatur in der DDR hinsichtlich der politischen Mobilisierung und Repression hervorgehoben [in: 22: 7–11]. Deutlicher sozialgeschichtlich ausgerichtet sind demgegenüber K. SCHÖNHOVENS Überlegungen zu einer komparativen Untersuchung von Diktaturerfahrungen im NS-Regime und im ostdeutschen Staatssozialismus [98: Drittes Reich].

Während dieser Untersuchungsansatz auf die Erforschung von Kontinuitätslinien – vor allem im Hinblick auf die Familienbeziehungen, das Stadt-Land-Verhältnis, die Entwicklung von Berufsgruppen und den Milieuwandel – über den Umbruch von 1945 hinweg zielt, hat G. HEYDEMANN einen kontrastiven Vergleich von nationalsozialistischer Diktatur und SED-Regime vorgeschlagen, deren Stoßrichtung gegen Demokratie, Pluralismus und Freiheit unbestritten ist. Außer den wichtigen Gemeinsamkeiten treten im ganzheitlichen, integralen Vergleich erhebliche Unterschiede hervor. Diese Differenzen betreffen vor allem die Konstellationen und Rahmenbedingungen beider Diktaturen, so hinsichtlich ihrer zeitlichen Dauer, Entstehung, gesellschaftlichen Akzeptanz sowie der Ideologie und Eigentumsverhältnisse. Auch die komparative Untersuchung einzelner Sektoren wie der Kirchenpolitik zeigt neben Affinitäten deutliche Unterschiede. Heydemann plädiert damit für einen flexiblen Diktaturenvergleich, der nicht nur die politische Durchdringung der Gesellschaft und den sozialen Umbruch akzentuiert, sondern auch die Grenzen der diktatorischen Herrschaft beachtet [89: SED-Staat].

Noch pointierter hat J. KOCKA die Differenzen zwischen den beiden Diktaturen aus sozialgeschichtlicher Perspektive betont. Zwar sei das SED-Regime ebenso wie das „Dritte Reich" in den autoritären, illiberalen und antidemokratischen Traditionen des „deutschen Sonderweges" verwurzelt; jedoch hebe sich die nationalsozialistische Diktatur besonders durch ihre Terrorherrschaft und die verbrecherische Zerstörungskraft von der Politik der Machthaber in der DDR ab, wo sich überdies (im Gegensatz zum nationalsozialistischen Deutschland) ein radikaler Elitenwechsel und ein tief greifender Wandel der Eigentumsverhältnisse sowie der Wirtschafts- und Sozialstruktur vollzog. Die Wirkungen dieses Umbruchs akzentuiert Jürgen Kockas Konzept der „modernen Diktatur", das die repressive Herrschaft der SED-Führung als Modernisierungsgrenze, aber auch die modernisierenden Wirkungen – so die Urbanisierung, den Wohnungsbau und das wirtschaftliche Wachstum – analytisch erfasst [94: Vereinigungskrise, 91–101].

Viele Autoren von Studien, die auf einem Diktaturenvergleich beruhen, haben betont, dass komparative Untersuchungen zum „Dritten Reich" und zum SED-Regime keinesfalls auf eine Gleichsetzung beider Herrschaftssysteme zielen. Zudem ist der Einwand zurückgewiesen worden, dass vergleichende Studien zu den beiden deutschen Diktaturen letztlich eine Relativierung der nationalsozialistischen Verbrechen

fördern könnten. Vielmehr müsse der Vergleich durchweg gleichermaßen Ähnlichkeiten und Unterschiede identifizieren [30: B. IHME-TU-
CHEL, DDR, 96; 94: J. KOCKA, Vereinigungskrise, 91 f.].

Vergleich DDR – Bundesrepublik

Demgegenüber zielen modernisierungstheoretische Untersuchungsansätze vorrangig, wenngleich nicht ausschließlich, auf eine
komparative Erforschung der DDR und der Bundesrepublik. Vergleichende Studien zu den beiden deutschen Staaten können aber analytisch nur schwer von ihrer Beziehungsgeschichte getrennt werden und
werfen auch andere gravierende methodische Probleme auf. Komparative Untersuchungen haben die Entwicklung der Bundesrepublik und
der DDR oft als Modernisierungsprozess interpretiert, der sich auf zwei
unterschiedlichen Pfaden vollzogen habe. Diese Deutung, die auf die
Prozesse sozioökonomischen Wandels abhebt, basiert auf einem indus-
triegesellschaftlichen Entwicklungsmodell, das in der Bundesrepublik
besonders in den späten sechziger und frühen siebziger Jahren die Forschung zur DDR beeinflusste. In modernisierungstheoretisch orientier-
ten Studien ist vor allem der wirtschaftliche und gesellschaftliche Wandel betont worden, der sich in der DDR vollzog. Über den Urbanisie-
rungs- und Industrialisierungsprozess, das Wirtschaftswachstum und
die Säkularisierung hinaus galten die Entmachtung traditioneller Eliten, die Auflösung überlieferter gesellschaftlicher Strukturen und Werte
und die Beseitigung sozialer Unterschiede als Errungenschaften des
Modernisierungsprozesses, der sich in der DDR vollzog. Zudem haben
modernisierungstheoretisch inspirierte Studien die wissenschaftlich-
technische Entwicklung und die – tief im Marxismus-Leninismus ver-
wurzelte – Wissenschafts- und Planungseuphorie in der DDR eng auf
ähnliche Prozesse in der Bundesrepublik bezogen [141: J. RADKAU,
Sozialismus; 139: D. LANGEWIESCHE, Fortschritt]. So habe sich in beiden deutschen Staaten in den sechziger Jahren ein Umbruch vollzogen,
von dem die weitere Entwicklung maßgeblich geprägt worden sei [137:
B. FAULENBACH, Modernisierung; 84: K. SCHÖNHOVEN, Kontinuitäten,
248]. Es ist deshalb gefordert worden, die „beiden Modernisierungsex-
perimente" [103: C. BURRICHTER/G.-R. STEPHAN, DDR, 446] in der
DDR und der Bundesrepublik vergleichend zu untersuchen.

Vergleich zwischen DDR und westeuro-päischen Staaten

Da sich Modernisierungsprozesse aber nicht nur auf die Bundesrepublik, sondern auch auf andere westliche Industriestaaten erstreck-
ten, hat vor allem H. KAELBLE eine Erweiterung der vergleichenden Perspektive vorgeschlagen. So ist die deutliche Zunahme der weiblichen
Erwerbstätigkeit in der DDR und in Frankreich von den fünfziger bis
zu den achtziger Jahren hervorgehoben worden, während die Bundesrepublik hinsichtlich der Berufsarbeit von Frauen zurückblieb. Auch im

Hinblick auf die Trennung zwischen Staat und Kirche und die Ausprägung des Sozialstaates sind deutliche Affinitäten zwischen dem
zweiten deutschen Staat und der Französischen Republik festgestellt
worden [H. KAELBLE, in: 32: 574–576]. Darüber hinaus bleibt zu untersuchen, inwieweit der Vergleich mit westeuropäischen Staaten die in
der Literatur herausgestellten Unterschiede – so im Hinblick auf die
Geburtenraten, die Scheidungsquoten und das Rollenverhalten – in
einen breiteren Kontext sozialen Wandels einzuordnen vermag [263:
D. MÜHLBERG, Orientierungen, 50].

Allerdings sind die systemübergreifenden Affinitäten und Kon-
vergenzen zwischen entwickelten Industriegesellschaften in der westlichen Modernisierungsforschung vielfach überschätzt worden [74:
M. FULBROOK, Germanies, 46 f.]. Ihre Kategorien können die spezifische Entwicklung der Gesellschaft in der DDR nur unzureichend
erfassen und erklären. So weiteten sich hier zwar der bürokratische
Apparat und die von ihm gewährte soziale Daseinsfürsorge aus; jedoch
konnte sich ein Rechts- und Verfassungsstaat nicht entwickeln. Ob-
wohl sich im zweiten deutschen Staat eine beträchtliche kulturelle Mobilisierung und Rationalisierung vollzog, wurde die soziale Differenzierung zurückgedrängt. Von den Zielen der Machtelite unabhängige
Eigenlogiken konnten sich in den sozialen Subsystemen (wie Wirtschaft und Kultur) kaum entfalten. Im Gegensatz zu marktbedingten
Erwerbsklassen waren die gesellschaftlichen Schichten in der ostdeutschen Zentralplanwirtschaft auf die beträchtlichen staatlichen Trans-
ferleistungen angewiesen. Der politische Herrschafts- und Steuerungsanspruch des SED-Regimes blockierte die Entwicklung gesellschaftlicher Pluralität und Partizipation. Mit der Unterdrückung unabhängiger
Eigenlogiken stellte das SED-Regime letztlich eine „Modernisierungs-
falle" [118: S. MEUSCHEL, Legitimation, 227] auf, die den ökonomischen und sozialen Wandel nachhaltig behinderte. Die modernisierungstheoretisch ausgerichtete Forschung zur Gesellschaft der DDR
hat oft auch die normativen Implikationen des Untersuchungsansatzes
ausgeblendet. Vor allem ist der Stellenwert des Rechts- und Verfas-
sungsstaates mit seinen Menschen- und Grundrechten als Grundlage
von Modernisierungsprozessen unterschätzt worden. Wie das Konzept
der „Zwangsmodernisierung" [I. HANKE, in: 11: Bd. III/2, 1145, 1168]
andeutet, schließen modernisierungstheoretische Studien zur sozialen
Entwicklung des zweiten deutschen Staates aber grundsätzlich keineswegs aus, dass auch Formen der politischen Steuerung, Kontrolle und
Repression in der staatssozialistischen Gesellschaft in die Analyse einbezogen werden.

Kritik modernisie-
rungstheoretischer
Ansätze

Beziehungs-
geschichtlicher
Ansatz

Empirische Untersuchungen zur Gesellschaft der DDR sind auch von einer analytischen Perspektive beeinflusst worden, die das Beziehungsgeflecht zwischen den beiden deutschen Staaten in den Mittelpunkt der Darstellung rückt. Dieser Ansatz liegt – in unterschiedlichem Ausmaß – besonders den Gesamtdarstellungen zugrunde, die von C. KLESSMANN [34: Staatsgründung; 35: Staaten], aber auch M. FULBROOK [74: Germanies], P. GRAF KIELMANSEGG [76: Katastrophe] und P. BENDER [72: Episode] veröffentlicht worden sind. Nach dem beziehungsgeschichtlichen Konzept war die politische und soziale Entwicklung der DDR eng auf die Bundesrepublik bezogen, vor allem hinsichtlich der Lebens- und Arbeitsverhältnisse. Die Bevölkerung des zweiten deutschen Staates erhob besonders die Ausstattung der Westdeutschen mit langlebigen Konsumgütern zum Maßstab ihres Wohlstandes. Aber auch die Entwicklung des Alltagslebens „im Westen" wurde kontinuierlich beobachtet. Dabei waren die westdeutschen Fernsehstationen besonders wichtig, die nach den erfolglosen Störversuchen des SED-Regimes in den sechziger Jahren fast im gesamten Staatsgebiet der DDR (mit Ausnahme des Raumes um Dresden) empfangen werden konnten. Umgekehrt wurden die Politik der Bundesregierung und der gesellschaftliche Wandel in Westdeutschland vom zweiten deutschen Staat beeinflusst, dessen Legitimationsdruck z. B. die Durchsetzung einer umfassenden Sozialpolitik förderte. An der Nahtstelle des Ost-West-Konfliktes distanzierten sich besonders die Macht- und Funktionseliten der beiden deutschen Staaten voneinander, nicht zuletzt, um ihre jeweilige Herrschaft zu legitimieren. In „Verflechtung und Abgrenzung" [77: C. KLESSMANN, Verflechtung] und durch „Abgrenzung in der Verflechtung" [A. BAUERKÄMPER/M. SABROW/B. STÖVER, in: 17: 13] waren die beiden deutschen Staaten miteinander verkettet [79: C. KLESSMANN, Divided Past; vgl. auch 65: G. A. RITTER, Umbruch, 34; 81: G. A. RITTER, Deutschland; 83: M. SABROW, DDR]. Diesen Untersuchungsansatz weiterführend, ist jüngst ein „plurale[s] Sequenzenmodell der Geschichte der Deutschen zwischen 1945 und 1990" [75: K. H. JARAUSCH, Integration, 30] vorgelegt worden, mit dem die Entwicklungsstufen der beiden deutschen Staaten und die unterschiedlichen Reaktionen auf ähnliche Herausforderungen in diesen dargestellt werden sollen.

Freilich blieb das Beziehungsverhältnis asymmetrisch. Während die Bürger der DDR auf die Bundesrepublik fixiert waren, blieben die Westdeutschen überwiegend entweder desinteressiert oder von der staatssozialistischen Diktatur ebenso abgestoßen wie von den Arbeits- und Lebensverhältnissen im zweiten deutschen Staat. Es ist jedoch zu berücksichtigen, dass einseitige und verzerrte Wahrnehmungen die wechselseitigen Abgrenzungsrituale im Ost-West-Konflikt widerspiegelten. Da die Bundesrepublik und DDR in ihre jeweiligen Bündnissysteme einbezogen waren, ist gefordert worden, komparative und beziehungsgeschichtliche Untersuchungen durch Studien zu erweitern, die beide deutsche Staaten in das jeweilige Geflecht der internationalen Konstellation integrieren [L. NIETHAMMER, in: 78: 326].

Demgegenüber haben besonders totalitarismustheoretisch orientierte Untersuchungen zur SED-Diktatur die Berechtigung sozialgeschichtlicher Untersuchungen zum zweiten deutschen Staat z. T. grundsätzlich in Abrede gestellt. Dieser Untersuchungsansatz geht von einer weitgehenden Unterwerfung sozialer Entwicklungskräfte unter das Machtmonopol der politischen Führung aus. Erstmals in den zwanziger Jahren von liberalen Gegnern der Diktatur Benito Mussolinis in Italien formuliert, erreichte das „Totalitarismus"-Konzept angesichts der Herausforderung liberaler Demokratien durch den deutschen Nationalsozialismus und sowjetischen Bolschewismus den Höhepunkt seines politischen und wissenschaftlichen Einflusses. Sowohl in den grundlegenden Arbeiten Hannah Arendts als auch nach dem von Carl J. Friedrich und Zbigniew Brzezinski entwickelten typologischen Totalitarismuskonzept sind die neuen Diktaturen des 20. Jahrhunderts als Regime gefasst worden, welche die Erfahrung der liberalen Demokratie voraussetzten und deshalb eine pseudodemokratische Legitimationskulisse inszenierten, zugleich jedoch demokratische Regierungsformen mit ihren pluralistischen Gesellschaften scharf ablehnten [vgl. die Beiträge in: 99: A. SIEGEL, Totalitarismustheorien; 100: A. SÖLLNER, Totalitarismus].

Totalitarismustheoretische Ansätze

Der Zusammenbruch des SED-Regimes hat totalitarismustheoretisch ausgerichteten Untersuchungsansätzen, die auf einen Diktaturenvergleich zielen, erneut kräftig Auftrieb verliehen. Während der Einfluss der UdSSR auf die politische und gesellschaftliche Entwicklung der DDR, den auch neuere, differenzierte Studien als „Sowjetisierung" gefasst haben [96: M. LEMKE, Sowjetisierung], unbestritten ist, sind die bereits zuvor intensiv diskutierten analytischen Grenzen der Totalitarismustheorien noch deutlicher geworden. Die Kritik hat sich auf ihre statische Ausrichtung, mit der sie den Wandel politischer Systeme nicht erklären, die Unterschätzung der unterschiedlichen ideologischen Ziele und die Fixierung auf Unterdrückung anstelle von Mobilisierung, Verführung und Integration konzentriert [93: R. JESSEN, DDR-Geschichte, 20–22; 87: G. J. GLAESSNER, Totalitarismus; 88: K.-D. HENKE, Totalitarismus]. In politikgeschichtlichen Studien zur Geschichte der DDR

Kritik totalitarismustheoretischer Studien

wird die gesellschaftliche Entwicklung im zweiten deutschen Staat unmittelbar aus dem umfassenden Herrschafts- und Gestaltungsanspruch
der Machtelite abgeleitet [92: E. JESSE, DDR]. Besonders pointiert fin-
det sich diese Deutung in K. SCHROEDERS Darstellung des SED-Staates
[41: SED-Staat]. Demgegenüber nehmen gesellschaftliche Strukturen,
Prozesse, Beziehungen und Akteure in den zahlreichen Werken, die
H. WEBER [vor allem 45: Geschichte; 44: DDR] und D. STARITZ [42:
Geschichte] zur Geschichte der DDR verfasst haben, einen deutlich
höheren Stellenwert ein. Sie werden auch in neueren Überblicken zu
einzelnen Problemen und Entwicklungsetappen der DDR-Geschichte
berücksichtigt [28: D. HOFFMANN, DDR; 25: W. HALDER, Teilung].

Stillgelegte   Ebenso differenziert und umfassend ist die Gesellschaft in
Gesellschaft?   S. MEUSCHELS Studien berücksichtigt worden, die gleichfalls auf einem
totalitarismustheoretischen Untersuchungsansatz basieren [118: Legitimation; 119: Überlegungen]. Freilich führt auch Meuschel soziale
Prozesse, die sich in der DDR vollzogen, weitgehend auf die Politik der
herrschenden Parteiführung zurück. Indem die Machthaber außerpoliti-
schen Institutionen und Regelwerken ihre unabhängige Geltungskraft
nahmen, hätten sie die Gesellschaft nachhaltig homogenisiert. Die
Ökonomie, das Recht und das Geld seien weitgehend in den Dienst der
Parteiherrschaft gestellt worden, deren umfassender Kontroll- und
Regelungsanspruch keine konkurrierenden Steuerungsinstrumente zugelassen habe [dazu auch M. R. LEPSIUS, in: 32: 18–22]. Damit sei die
Gesellschaft entdifferenziert und „gleichsam stillgestellt" worden [119:
S. MEUSCHEL, Überlegungen, 6]. Mit dem „Antifaschismus", dem Ideal
gesellschaftlicher Egalität, dem Ziel wissenschaftlich-technischen
Fortschritts und der Sozialpolitik habe die SED-Führung bis zu den
siebziger Jahren über eine einflussreiche Legitimationsideologie ver-
fügt, ohne damit aber einen über Loyalität hinausreichenden Legitimi-
tätsglauben erreichen zu können. Obgleich sie grundsätzlich von einem
„Antagonismus zwischen Herrschenden und Beherrschten" [118:
S. MEUSCHEL, Legitimation, 14] ausgegangen ist, hat Meuschel detaillierte Analysen zu den „Chancen der Interessenartikulation und des politischen Handelns" [120: Machtmonopol, 178] in der DDR gefordert.

Kritik   Auch der flexiblen Totalitarismustheorie, die Meuschels Studien
zur Herrschaftslegitimation des SED-Regimes zugrunde liegt, ist ihre
„Gesellschaftsblindheit" [93: R. JESSEN, DDR-Geschichte, 22] vor-
gehalten worden. Ausgehend von dieser Kritik, haben vor allem R.
BESSEL und R. JESSEN argumentiert, dass soziale Strukturen und Prozesse in der DDR keineswegs ausschließlich von der Herrschaftszentrale ausgelöst, gesteuert und kontrolliert worden seien. Vielmehr

hätten das Chaos nach dem Zweiten Weltkrieg, tradierte soziale Strukturen, überlieferte Werte und informelle Beziehungen in Netzwerken die Politik der gezielten Gesellschaftskonstruktion eingeschränkt. Auch habe die arbeitsteilige Industriegesellschaft die Machthaber zu pragmatischen Entscheidungen gezwungen, die sich den ideologischen Vorgaben und programmatischen Zielen entzogen. Überdies hätten die Eingriffe der SED-Führung in soziale Strukturen und Prozesse eine nur schwer kontrollierbare, letztlich zerstörerische Eigendynamik ausgelöst. Außer der permanenten Überlastung, die sich aus dem umfassenden Herrschafts- und Steuerungsanspruch ergeben habe, sind die Westorientierung und die Abhängigkeit von der Sowjetunion als wichtige „Grenzen der Diktatur" herausgestellt worden [19: R. BESSEL, Grenzen; vgl. auch 48: B. BOUVIER, Forschungen, 562]. Insgesamt müsse der „vergesellschaftete Staat" damit als „Preis für die verstaatlichte Gesellschaft" angesehen werden [111: R. JESSEN, Gesellschaft, 109]. Vor allem nach der politischen Stabilisierung der DDR durch den Mauerbau 1961 habe sich eine „realsozialistische Restgesellschaft" herausgebildet [110: K. H. JARAUSCH, Gegengesellschaft, 9].

Eine daran anschließende Deutung hat deshalb die „konstitutive Widersprüchlichkeit" der DDR hervorgehoben [123: D. POLLACK, Widersprüchlichkeit]. Vor allem seien keinesfalls alle gesellschaftlichen Unterschiede und Spannungslinien zugunsten einer einheitlichen, geschlossenen Sozialformation beseitigt worden. Vielmehr müsse der Gegensatz von Egalisierung einerseits und der Herausbildung neuer sozialer Unterschiede andererseits beachtet werden. Daneben habe die Kluft zwischen dem politischen System der Fürsorge und Versorgung, der Widerspruch zwischen der Abgrenzung gegenüber dem Westen und der Westorientierung sowie der Gegensatz zwischen der offiziellen Organisation und den informellen Beziehungsnetzen die soziale Entwicklung des zweiten deutschen Staates nachhaltig beeinflusst. Als Spannungslinien in der staatssozialistischen Gesellschaft in der DDR sind schließlich auch die Konfrontation von Fortschrittseuphorie und -kritik, Traditionsbruch und Traditionalität sowie die Diskrepanz zwischen dem Machtmonopol und der eingeschränkten Anwendbarkeit der Herrschaftsmittel akzentuiert worden [123: D. POLLACK, Widersprüchlichkeit, 114–128]. Das Alltagsleben sei besonders von der „Differenz zwischen Institutionensystem und akzeptierten kulturellen Werten" [124: D. POLLACK, Gesellschaft, 191] bestimmt worden.

Demgegenüber ist auf die wechselseitige Durchdringung von Herrschaft und Gesellschaft in der DDR hingewiesen worden. Eine klare Abgrenzung von Räumen der politischen Steuerung und der so-

Widersprüchlichkeit der DDR-Gesellschaft

Wechselverhältnis von Herrschaft und Gesellschaft

zialen Autonomie sei deshalb ebenso verfehlt wie die scharfe Trennung
von Herrschenden und Beherrschten [114: A. LÜDTKE, DDR, 3]. Vielmehr müsse der Umgang mit den sozialen Strukturen und Handlungs-
bedingungen, die aus den politischen Eingriffen der SED-Führung resultierten, im Alltag der einzelnen Menschen umfassend untersucht
werden.

„Eigen-Sinn"　　Damit ist die sozialhistorische Forschung besonders auf die Formen der Wahrnehmung und Interpretation gesellschaftlicher Hand-
lungsbedingungen gelenkt worden. Mit ihrer eigenwilligen Aneignung
der zentral durchgesetzten Politik des gesellschaftlichen Umbaus hätten die Menschen der Gesellschaftskonstruktion einen jeweils eigenen
Sinn („Eigen-Sinn") verliehen, der sich zumindest partiell den Absichten und Zielen der Partei- und Staatsführung entzogen habe. In der kon-
kreten Herrschaftspraxis hätten sich in kleinen sozialen Räumen und
Gruppen wie Arbeitskollektiven Aushandlungsprozesse vollzogen, mit
denen Interessen und Bedürfnisse vermittelt worden seien. Da die
Partei- und Staatsführung eigenmächtiges Handeln nur innerhalb dieser
„Basisstrukturen" zugelassen habe, müsse die DDR als „Diktatur der
Grenzen" gekennzeichnet werden [114: A. LÜDTKE, DDR, 13 f.; T. LIN-
DENBERGER, in: 112: 13–44].

Dabei seien die Grenzen des eigenmächtigen Handelns jeweils
von den lokalen Partei- und Staatsfunktionären definiert worden.
Ebenso wie die inneren Grenzen, die oft zur Persönlichkeitsspaltung
durch widersprüchliche Anforderungen und Selbstbilder führten, spie-
gele die Mauer als äußere Abgrenzung die SED-Politik gesellschaftlicher Disziplinierung wider. Zwischen der äußeren Grenze und den inneren Grenzziehungen, die in der „Verordnung über die Aufenthaltsbeschränkung" vom 24. August 1961 geradezu paradigmatisch festge-
schrieben worden seien, besteht nach Lindenbergers Deutung sogar ein
„unmittelbarer genetischer Zusammenhang" [in: 26: 211]. Der mikro-
historischen Richtung war schon eine Forschergruppe um L. NIETHAM-
MER verpflichtet, die 1991 eine richtungweisende empirische Studie
vorlegte. Diese basiert auf in den achtziger Jahren noch in der DDR
durchgeführten Interviews [265: L. NIETHAMMER, Erfahrung]. Deutlich
enger auf die politische Herrschaft bezieht S. WOLLE die Befunde seiner
alltagsgeschichtlichen Untersuchung [46: Diktatur, bes. 17, 21].

Gesellschaftspolitik　　Bislang hat die Forschung zum Verhältnis von Herrschaft und
Gesellschaft in der DDR einerseits das beträchtliche Ausmaß der poli-
tischen Durchdringung herausgearbeitet, das aus den Eingriffen der
Partei- und Staatsführung in die soziale Entwicklung resultierte [zum
Folgenden 28: D. HOFFMANN, Mauerbau, 196–200; 30: B. IHME-TUCHEL,

DDR, 92, 94 f.; 125: C. Ross, Dictatorship, 46–53]. Das SED-Regime führte einen weitaus radikaleren Umbruch der Wirtschaftsstruktur, der Eigentumsverhältnisse und des Erziehungssystems herbei als die nationalsozialistischen Machthaber im „Dritten Reich". Auch die Divergenz der gesellschaftlichen Entwicklung der beiden deutschen Staaten ist als „Musterfall des Primats der Politik in der Sozialgeschichte, vor allem des Primats der politischen Systemunterschiede" gedeutet worden [H. Kaelble, in: 32: 574]. Vor allem bis zum Mauerbau müsse die Entwicklung des ostdeutschen Staatssozialismus als „gigantisches Sozialexperiment" interpretiert werden [110: K. H. Jarausch, Gegengesellschaft, 8].

Andererseits ist betont worden, dass die Menschen auch in der DDR keineswegs vollständig der SED-Diktatur unterworfen waren. Im ostdeutschen Staatssozialismus hätten die Machthaber eine „paternalistische Entsubjektivierung" [101: F. Adler, Sozialstruktur, 157] nicht erreicht. Vielmehr seien die politischen und gesellschaftsstrukturellen Grenzen der Einparteienherrschaft zu beachten, so die Tendenz zur permanenten Selbstüberforderung und die Attraktivität der westdeutschen Bezugsgesellschaft. Zudem müsse das breite Spektrum abweichenden Verhaltens ebenso untersucht werden wie die Varianz der Wahrnehmung, Deutung und Aneignung zentralstaatlicher Eingriffe.

Gesellschaftliche Dynamik

Letztlich ist das Verhältnis von Herrschaft und Gesellschaft in der DDR bislang ebenso umstritten geblieben wie die zentralen Merkmale des ostdeutschen Staatssozialismus, die ihm seine unverwechselbare Prägung verliehen. Der Vielfalt der Interpretationen entspricht deshalb das breite Spektrum der Begriffe, die zur Kennzeichnung der sozialen Entwicklung und Struktur des zweiten deutschen Staates vorgeschlagen worden sind. Seine Interpretation als „durchherrschte Gesellschaft" (J. Kocka, auch A. Lüdtke) hebt letztlich ebenso auf das Ausmaß der politischen Steuerung und Kontrolle sozialer Prozesse und Beziehungen ab wie die Begriffe „Gegengesellschaft" und „Restgesellschaft" [110: K. H. Jarausch, Gegengesellschaft]. Die vorindustriell-obrigkeitlichen Klientelstrukturen und die paternalistischen Herrschafts- und Gesellschaftsbeziehungen werden mit der Charakterisierung als „neotraditionalistischer Staatssozialismus" [104: F. Ettrich, Staatssozialismus], „sozialistische Ständegesellschaft" [116: A. Meier, Ständegesellschaft], „sozialistischer Paternalismus" [121: G. Meyer, Paternalismus] und „Fürsorgediktatur" [109: K. H. Jarausch, Sozialismus] hervorgehoben. Andere Begriffe wie „Unterschichtengesellschaft" [263: D. Mühlberg, Orientierungen, 54; 114: A. Lüdtke, DDR, 4] kennzeichnen vorherrschende Verhaltensstandards und soziokulturelle Normen.

Konzepte und Begriffe

Die Formierung der sozialen Strukturen nach dem Vorbild der Partei-
hierarchie durch die Spitzenfunktionäre der SED hebt die Einstufung als
„Organisationsgesellschaft" [122: D. POLLACK, Ende] hervor. Der zentrale Stellenwert von Arbeit in der DDR-Gesellschaft wird mit den Ter-
mini der „Arbeitsgesellschaft" [M. KOHLI, in: 32], „durchherrschten Arbeitsgesellschaft" [82: G. A. RITTER, Deutschland, 173], „extensive[n]
Arbeitsgesellschaft" [101: F. ADLER, Sozialstruktur, 168] bzw. „staats-
wirtschaftlichen Arbeitsgesellschaft" [C. KLESSMANN/A. SYWOTTEK, in:
155: 902] akzentuiert. Eng damit verknüpft, ist eine „Verbetrieblichung" [P. HÜBNER, in: 29: 134] des Lebens in der ostdeutschen „struk-
turkonservative[n] Industriegesellschaft" festgestellt worden [G. A.
RITTER, in: 29: 34]. Diese Begriffe sind nahezu ausnahmslos von spezifischen Interessen und einzelnen Forschungsrichtungen geprägt. Auch
deshalb hat sich kein Konsens über eine prägnante Bezeichnung für die
Gesellschaft der DDR herausgebildet.

2. Sozialstruktur zwischen Egalitätsdoktrin und gesellschaftlicher Ungleichheit

2.1 Interpretationen der Gesellschaftsstruktur

Konzepte der
DDR-Soziologie

Nach der marxistisch-leninistischen Soziologie bestand die Gesellschaft der DDR aus zwei „Grundklassen" – der Arbeiterklasse und den
Genossenschaftsbauern –, der „Schicht" der „Intelligenz" (Fach- und
Hochschulabsolventen) und einzelnen sozialen Gruppen wie den privaten Handwerkern [107: G.-J. GLÄSSNER, Klassengesellschaft, 5]. Die
politischen Vorgaben beeinflussten nachhaltig die empirische sozialwissenschaftliche Forschung, deren Befunde vielfach auf den jeweiligen politischen Kurs der SED-Führung ausgerichtet waren [127: F.-P.
SCHIMUNEK, Neugier]. Schon die analytischen Kategorien waren oft
ideologisch geprägt.

Nachdem zunächst eine Annäherung der Klassen, Schichten und
Gruppen erwartet und gefordert worden war, erkannten Soziologen wie
M. LÖTSCH in den achtziger Jahren an, dass sich in der DDR die Kluft
zwischen „Arbeiterklasse" und „Intelligenz" vertiefte. Neben die (auf
Eigentumsverhältnisse und wirtschaftliche Beziehungen abhebende)
Klassenanalyse trat die Untersuchung der Lebenslagen und -stile,
denen ein relativ eigenständiger Stellenwert im sozialen Wandel eingeräumt wurde. Als politisches Ziel galt nicht mehr eine „Gesellschaft, in
der Lebenslagen, Lebensstile etc. auf einen gemeinsamen Durchschnitt

hin nivelliert worden sind, sondern eine Gesellschaft gleicher Entwicklungsmöglichkeiten und Lebenschancen, was Vielfalt nicht ausschließt, sondern geradezu meint und bedingt" [113: M. Lötsch, Sozialstruktur, 15; dazu auch: 133: M. Thomas, Entwicklung]. Letztlich sollten soziale Differenzen in der DDR nunmehr die Mobilität fördern, die wissenschaftlich-technische Entwicklung vorantreiben und damit ein Produktions- und Produktivitätswachstum herbeiführen [106: R. Geissler, Sozialstrukturforschung]. Einen umfassenden Überblick über empirische Arbeiten zur Sozialstruktur der DDR – u. a. zur Jugend, der Industrie-, Betriebs- und Berufssoziologie, zur Sozialpolitik, Demographie und Regionalforschung – vermittelt eine annotierte Bibliographie, die von 1992 bis 1994 vom Informationszentrum Sozialwissenschaften veröffentlicht wurde [14: Sozialforschung].

Ausgehend von frühen sozialstatistischen Untersuchungen [131: D. Storbeck, Strukturen], hat die neuere historische Forschung die Struktur der DDR-Gesellschaft unterschiedlich bestimmt und gekennzeichnet. Da sogar die SED-Führung schon vor der Vereinigung Deutschlands vorsichtig die Herausbildung neuer sozialer Unterschiede anerkannt und das Ideal der egalitären Gesellschaft zurückgenommen hatte, ist eine Nivellierung dieser Differenzen in der Kategorie der „Werktätigen" [I. Merkel, in: 155: 543, 552 f.] insgesamt wenig überzeugend. Demgegenüber ist vorgeschlagen worden, die neutraleren Konzepte der gesellschaftlichen „Schicht" und „Gruppe" für die Analyse der Sozialstruktur in der DDR zu verwenden [A.-S. Ernst, Kommentar, in: 155: 602]. An diese grundsätzlichen Überlegungen anschließend, hat K. Tenfelde als „Kristallisationskerne[n]" der staatssozialistischen Gesellschaft Betriebe, Familien und lokale Räume herausgestellt [in: 155: 890].

In der DDR vollzog sich zumindest bis zu den sechziger Jahren eine „politische Konstruktion des Sozialen" [K. Tenfelde, in: 155: 889]. Unstrittig ist auch, dass sich die ungleiche Verteilung von Eigentum und Geld nicht direkt in sozialen Unterschieden niederschlug. Überdies fehlte im ostdeutschen Staatssozialismus gesellschaftliche Ungleichheit, die sich aus Austauschprozessen auf Märkten ergab [101: F. Adler, Rekonstruktion, 160–165]. Demgegenüber prägte der jeweilige Zugang zur Macht entscheidend die individuelle Position im gesellschaftlichen Gefüge. Die soziale Differenzierung erfolgte nicht mehr über Märkte und Vererbung, sondern resultierte (vor allem bis zur Mitte der sechziger Jahre) aus politischen Eingriffen und Privilegien. Vor allem M. R. Lepsius hat die egalisierende Wirkung dieser Gesellschaftspolitik hervorgehoben. Indem die SED-Führung Regelwerke

Konzepte der neueren sozialgeschichtlichen Forschung

Egalisierung und Entdifferenzierung

und Rationalitätskriterien sozialer Subsysteme – wie das Streben nach Markterfolg und Gewinn in der Wirtschaft und das Recht im Justizwesen – außer Kraft setzte und politisch überformte, habe sie eine weit reichende gesellschaftliche Entdifferenzierung herbeigeführt. Damit sei die Beseitigung von intermediären Organisationen wie Verbänden einhergegangen, die individuelle und kollektive Interessen artikulieren und vermitteln. Der Vereinheitlichung der Handlungskriterien entsprach der hierarchische Aufbau des Herrschaftsapparates nach dem Prinzip der „doppelten Unterstellung" unter die jeweils übergeordnete staatliche Instanz und die gleichrangige Parteileitung. Die Beseitigung selbstständiger Aktionsräume wurde auch durch die zentrale Lenkung wirtschaftlicher und gesellschaftlicher Prozesse nach dem Grundsatz der Einzelleitung maßgeblich gefördert. Überdies hat vor allem Lepsius betont, dass in der DDR einzelne Institutionen eine Vielzahl von Aufgaben übernommen hätten, die zuvor auf unterschiedliche Einrichtungen verteilt gewesen seien. Die Betriebe, welche die wirtschaftliche Produktion und die Verteilung von Dienstleistungen auf sich vereinten und zugleich Orte des Erwerbs und des gesellschaftlichen Austausches waren, zeigen beispielhaft diesen Prozess der „Entdifferenzierung von Institutionen" [M. R. LEPSIUS, in: 32: 18] bzw. „institutionelle[n] Fusionierung" [J. KOCKA, in: 32: 550], dessen Stellenwert für die gesamtgesellschaftliche Entwicklung der DDR freilich noch detailliert zu untersuchen ist.

Postulat und Politik sozialer Gleichheit   Die Vision der „sozialistischen Menschengemeinschaft", deren Mitglieder harmonisch und ohne Konflikte zusammenleben sollten, schloss im „Arbeiter- und Bauernstaat" eine offizielle Anerkennung sozialer Ungleichheit ohnehin weitgehend aus. In der DDR sollten gesellschaftliche Differenzen und Distinktionen beseitigt werden. Das Postulat der Gleichheit prägte besonders die Sozial- und Bildungspolitik des SED-Regimes, beeinflusste aber auch die Produktion und Bereitstellung von Konsumgütern und die „Kaderpolitik". Der Beseitigung sozialer Unterschiede als Voraussetzung der angestrebten „sozialistischen Menschengemeinschaft" diente die „Brechung des bürgerlichen Bildungsprivilegs" ebenso wie die Durchsetzung „vernünftiger" und „verantwortungsvoller" Verbrauchsnormen, die sich an Gebrauchswerten orientieren und damit vom westlichen Konsum abheben sollten [260: I. MERKEL, Utopie, 299]. Nicht zuletzt hatten sich die neuen Führungsgruppen, die aus dem politisch induzierten Elitenwechsel in der DDR hervorgingen, nach der Programmatik der SED eng auf die „Staatsarbeiterklasse" auszurichten [K. TENFELDE, in: 155: 893]. Ebenso stellte die Arbeit in den Betrieben, in denen der Prozess fortschreitender „Verzweckung" [163: B. LUTZ, Betriebe, 135] zurückgenommen wurde, einen wichtigen Erfahrungsraum egalitären Alltagslebens dar, besonders in den Arbeitsbrigaden [vgl. 167: J. ROESLER, Probleme; 173: R. SOLDT, Pumpe; 158: A. M. HUMM, Weg].

Jedoch ist in sozialhistorischen und soziologischen Arbeiten nicht nur der Bedeutungsverlust traditioneller Differenzierungskriterien nachgewiesen worden, sondern auch die Beharrungskraft eingeschliffener Unterschiede und sogar die Herausbildung neuer Ungleichheit in der staatssozialistischen Gesellschaft deutlich geworden. H. SOLGA hat die soziale Ordnung, die sich mit dem gesellschaftlichen Umbruch bis zu den frühen sechziger Jahren herausgebildet hatte, sogar als „staatssozialistische Klassengesellschaft" bezeichnet [130: Weg, 236, 245, 248, 255]. Nach dieser Interpretation war die Verfügungsgewalt über Produktionsmittel und die hergestellten Werte ungleich verteilt, so dass sich drei „Klassen" herausbildeten: erstens die Parteielite, die uneingeschränkt über Güter verfügte, zweitens eine „Dienstklasse" mit begrenzten Verfügungsrechten (qualifizierte Arbeiter und Angestellte) und drittens die „Arbeiterklasse" ohne Verfügungsmacht [130]. Allerdings ist gegen dieses Schichtungsmodell zu Recht eingewandt worden, dass Eigentum in der DDR nicht ökonomisch determiniert war, sondern politisch festgelegt wurde.

Deutlich auf die Untersuchung von Kulturmustern ausgerichtet ist das Schichtungsmodell, das W. ROSSADE vorgeschlagen hat [126: Gesellschaft, bes. 32–95]. Nach diesem Konzept dienten unterschiedliche Lebensstile der alltagskulturellen Konservierung der Sozialstruktur, die aus dem gesellschaftlichen Umbruch bis zu den sechziger Jahren hervorgegangen war. Rossade unterscheidet folgende Schichten: Leiter und Werktätige, Arbeiterklasse und Intelligenz (1.), die Führungsgruppe (2.), die obere Leitungsebene nach der Spitzengruppe (3.), mittlere Leiter und Fachleute (4.), untere Funktionsträger (5.), städtische Arbeiter und kleine Angestellte (6.), Leiter und Werktätige auf dem Lande (7.), Reste von alter Bourgeoisie und traditionellem Kleinbürgertum (8.), Studenten (9.) sowie Randgruppen und „Aussteiger" (10.). Unterhalb der Machtelite, die sich aus den Spitzenfunktionären des SED-Regimes und seiner Herrschaftsapparate zusammensetzte, sei die gesellschaftliche Entwicklung von Leistungs- und Prestigeeliten gesteuert worden. Während die Schicht der wissenschaftlich-technischen Fachkräfte die Leistungselite gebildet habe, hätten Künstler, Schriftsteller, Spitzensportler und Kirchenvertreter einer separaten Prestigeelite angehört. Rossade hat diese Leitungskräfte als Funktionseliten interpretiert, welche die Herrschaft der SED in die Gesellschaft

Schichtungsmodelle

vermittelten. Freilich wurden sie lediglich „von oben" genutzt, um die soziale Entwicklung nach den Absichten der Machthaber zu steuern. Als Vermittler gesellschaftlicher Interessen gegenüber den Herrschenden fielen diese Funktionseliten weitgehend aus [126: W. ROSSADE, Gesellschaft, 470–476].

D. VOIGT, W. VOSS und S. MECK haben ein weniger feingliedriges Modell der DDR-Sozialstruktur im Jahre 1974 vorgeschlagen, das zwischen einer Oberschicht, einer oberen, mittleren und unteren Mittelschicht und einer oberen und unteren Unterschicht unterscheidet. Der Oberschicht werden die Angehörigen der Machtelite („Nomenklaturfunktionäre") zugerechnet, die 1,8 Prozent der Bevölkerung stellten. Die Mittelschicht (insgesamt ca. 45,2 Prozent der Bevölkerung) setzte sich aus – nicht präzise bezeichneten – „Aufsteigern" aus der Unterschicht und der „neuen Klasse" der Funktionseliten zusammen. Demgegenüber sei die Unterschicht (53 Prozent der Bevölkerung) aus den Landarbeitern und „einem Teil" der LPG-Mitglieder, gering entlohnten Arbeitern und Angestellten sowie aus „politischen Gründen benachteiligten oder bestraften Personen" und Rentnern gebildet worden [135: Sozialstruktur, 164 f.].

2.2 Das politische Leitbild gesellschaftlicher Gleichheit und seine Grenzen

Enteignung, Verstaatlichung und Egalisierung

Die Programmatik der kommunistischen Machthaber zielte in der SBZ bzw. DDR zunächst auf die Beseitigung des privaten Eigentums und die Entmachtung des Besitz- und Bildungsbürgertums. Aus der Enteignung der Unternehmer und Großgrundbesitzer und der Umverteilung von Eigentum zugunsten der besitzlosen Arbeiter und Angestellten sollte eine neue egalitäre Gesellschaftsordnung hervorgehen. Mit der erzwungenen Umbildung von Privatunternehmen in Staats- oder Genossenschaftsbetriebe und der Ausweitung der Sozialpolitik verringerte sich im zweiten deutschen Staat schon in den fünfziger Jahren tatsächlich wirtschaftliche und gesellschaftliche Ungleichheit, wie die Annäherung der Einkommen unterschiedlicher sozialer Schichten und Berufsgruppen zeigt [dazu im Vergleich Angaben in 131: D. STORBECK, Strukturen, 181–210]. Obgleich damit Differenzen des gesellschaftlichen Ansehens keineswegs unmittelbar eingeebnet wurden, vollzog sich in der DDR tendenziell doch ein Egalisierungsprozess.

Kriterien sozialer Ungleichheit

Allerdings hatte das Regime das Ziel, in der ostdeutschen Gesellschaft weitgehend Gleichheit herzustellen, damit noch keineswegs erreicht. Vielmehr waren auch im „Arbeiter- und Bauernstaat" Führungskräfte unabdingbar und Leistungsanreize für diese „Kader" notwendig [196: H. BEST, Funktioneliten; H. ZIMMERMANN, in: 32: 341–344]. Ungleichheit ergab sich damit zwar nicht mehr aus der Eigentumsverteilung und der Verfügung über Produktionsmittel, aber aus dem unterschiedlichen Zugang zu Gütern. Politische Loyalität trat deshalb neben die Qualifikation als Kriterium sozialer Ungleichheit. So haben Lebensverlaufsanalysen gezeigt, dass die Mitgliedschaft in der SED oder einer der „Blockparteien" die Chancen beruflichen Aufstiegs in der DDR durchweg deutlich erhöhte. Diese Chancenungleichheit konnte auch die ausufernde Sozialpolitik in den siebziger und achtziger Jahren nicht mildern [P. SKYBA, in: 67: 39–80].

Die fortbestehende und neu herausgebildete gesellschaftliche Ungleichheit blieb in der DDR jedoch ein ideologisch-politisches Tabu [L. MERTENS, in: 117: 122]. In der Bevölkerung traf das offizielle Konzept sozialer Egalität durchaus auf beträchtliche Resonanz; zugleich wurde es ebenso instrumentalisiert wie die Doktrin vom „Arbeiter- und Bauernstaat", um von den Machthabern konkrete materielle Leistungen einzufordern. Berichte über den luxuriösen Lebensstil der Spitzenfunktionäre in ihrem abgesperrten Wohnviertel in Wandlitz nördlich von Berlin lösten in der DDR deshalb im Herbst 1989 Empörung, aber auch verächtliches Staunen aus. „Wandlitz" wurde so zum „Codewort" für den offenkundigen Bruch des egalitären Versprechens [227: D. WIERLING, Jahr, 541]. Parolen wie „Es ist so mancher Funktionär uns allen viel zu reich, das Volk setzt nun den Hobel und hobelt alle gleich" [A. KAMINSKY, in: 67: 83] artikulierten im Herbst 1989 schließlich offen die Frustration der Bevölkerung und verwiesen auf die Sprengkraft, die in der Diskrepanz zwischen dem offiziellen Gleichheitsversprechen und der großzügigen Vergabe von Privilegien an Spitzenfunktionäre angelegt war.

Außer durch die neuen Formen der Ungleichheit, die sich aus den Prämien für politische Loyalität und Machtteilhabe ergaben, wurde das Konzept sozialer Egalität durch die Belohnungsdifferenz für unterschiedliche Qualifikationen eingeschränkt. Auch in einer staatssozialistischen Gesellschaft, deren politische Führung einen gewaltigen Entwicklungssprung anstrebte und propagierte, konnten Leistungskriterien nicht völlig außer Kraft gesetzt werden. Zudem wurden Kindern in Familien weiterhin ungleiche Lebenschancen vermittelt. Nachkommen der verdrängten Oberschichten konnten bei der Nutzung von Bildungsangeboten oft den Startvorteil ausnutzen, der sich aus der Weitergabe von Wissen als „kulturellem Kapital" (P. Bourdieu) zwischen den Generationen ergab. Überlieferte berufsständische und bildungsbürger-

Egalitätsdoktrin und soziale Ungleichheit

liche Unterschiede wiesen eine so große Beharrungskraft auf, dass sie nicht vollständig abgeschliffen werden konnten.

Die Spannung zwischen dem offiziellen Postulat, gleichwertige Lebensbedingungen zu sichern, und den gesellschaftlichen Unterschieden führte eine Legitimitätslücke herbei, die schließlich maßgeblich zum Zerfall der SED-Diktatur im Herbst 1989 beitrug [118: S. MEU-SCHEL, Legitimation, 242–249; 178: S. GRUNDMANN, Sozialstruktur, 401 f.]. Mit der Reduzierung der Egalitätsdoktrin auf Chancengleichheit gestanden die Machthaber indirekt das Scheitern ihrer gesellschaftlichen Vision ein.

2.3 Widersprüche des Konzeptes gesellschaftlicher Nivellierung: das Beispiel der „Kaderpolitik"

Egalitätsdoktrin und Eliten

Die Spannung zwischen der Egalitätsideologie und dem ausgeprägten Führungsanspruch war in der „Kaderpolitik" des SED-Regimes besonders eklatant. Die Widersprüchlichkeit, die den zweiten deutschen Staat insgesamt kennzeichnete, trat deshalb vor allem im Handeln der Macht- und Funktionseliten hervor. Der Einzelne war in der DDR-Gesellschaft – wenn er sich nicht bewusst entzog – in einem hohen Maße in verschiedene politische und soziale Gemeinschaftsformen integriert. Dies gilt auch für die ostdeutschen Eliten. Dieser „Kollektivismus" scheint auf den ersten Blick quer zu den Hierarchien zu verlaufen und die These von der weitgehenden Homogenisierung der Gesellschaft zu stützen [120: S. MEUSCHEL, Machtmonopol]. Ohnehin spielten soziale Statusmerkmale und entsprechende Unterschiede in den Lebensstilen für die Profilierung von Führungsgruppen eine relativ geringe Rolle. Von „Wandlitz" und wenigen protegierten Wissenschaftlern und Künstlern abgesehen, gab es in der DDR kaum eine soziale Abtrennung der Führungsgruppen. Diese Präsenz des Führungspersonals in den verschiedenen Gemeinschaftsformen öffnete jedoch auch gesellschaftliche Räume wie die Familie, das Wohnumfeld oder die verschiedenen Freizeitgemeinschaften dem Zugriff des Herrschaftssystems. Durch diese Einfallstore sollte im Gleichklang mit anderen Herrschaftsmechanismen und Institutionen das gesamte Netz sozialer Beziehungen kontrollierbar bleiben. Der Rückzug der Ostdeutschen aus diesen verordneten Gemeinschaften in die „Nischen" kann demnach als Flucht aus den Armen staatlich dekretierter Fürsorge interpretiert werden [A. BAUER-KÄMPER/J. DANYEL, in: 31: 275 f.].

Fürsorge und Leitung

Die prägende Wirkung des politischen Herrschaftssystems der DDR auf das Profil der ostdeutschen Eliten zeigt sich auch in der

Diskrepanz zwischen der Forderung nach egalitärer Fürsorge einerseits und elitärer Leitung andererseits. Der Neologismus „Fürsorgediktatur" [109: K. H. JARAUSCH, Sozialismus, 42 f., 45 f.] verweist auf diese enge Verflechtung von diktatorischer Herrschaftspraxis und egalitärer Sozialutopie. Die Prägekraft der paternalistischen Politik des SED-Regimes trug – zumindest seit den sechziger Jahren – maßgeblich zur Stabilität der DDR bei. Die Widersprüchlichkeit, die in der Fürsorgepolitik begründet war, spiegelte sich nicht zuletzt im Verhalten und in den Selbstbildern der ostdeutschen Führungsgruppen wider. Einerseits konstruierte die offizielle Ideologie eine Identität der Interessen zwischen den vom „Arbeiter- und Bauernstaat" mit Autorität ausgestatteten Führungspersonen und den ihnen unterstellten sozialen Gruppen [150: G. ERBE, Arbeiterklasse, 42–46]. Den Leitungskräften wurde deshalb eine paternalistische Fürsorge auferlegt, die ein breites Spektrum von Alltagsproblemen in die „Kaderpolitik" einbezog.

Andererseits nahmen Funktionseliten in der DDR spezifische, ihnen von den führenden SED-Funktionären zugewiesene Positionen in der Hierarchie der SED-Diktatur ein. Damit oblagen ihnen in der staatssozialistischen Gesellschaft wichtige Leitungs-, Kontroll- und Erziehungsaufgaben, zumal ein „Grundvertrauen in Programmhaftigkeit und Steuerbarkeit" [197: C. BOYER, Kader, 29] ein bestimmendes Merkmal der SED-„Kaderpolitik" blieb. Der Egalitätsanspruch der Machthaber wurde darüber hinaus jedoch schon programmatisch eingeschränkt, vor allem durch die leninistische „Avantgarde"-Doktrin, die der herrschenden Partei als „Vorhut der Arbeiterklasse" die Führungsrolle zuwies. Wie die neuere Forschung herausgearbeitet hat, waren die „Kader" in der DDR mit einem Zielkonflikt konfrontiert, den sie nie auflösen konnten [Ebd.: 16 f., 23, 50, 52, 54]. Auch in der „Kaderpolitik" blieb die Spannung zwischen egalitärer Ideologie und elitärer Praxis damit letztlich ungelöst.

2.4 Dimensionen sozialer Ungleichheit in der DDR: Konsum, Generations- und Geschlechtszugehörigkeit

Der SED-Führung gelang in der DDR keineswegs eine umfassende soziale Nivellierung. Vielmehr erwiesen sich traditionelle Formen gesellschaftlicher Ungleichheit in der staatssozialistischen Gesellschaft als zählebig. Auch mit ihren rigorosen Eingriffen in die soziale Entwicklung konnten die Machthaber nicht verhindern, dass sich im zweiten deutschen Staat neue Unterschiede herausbildeten. So stand der politischen Homogenisierung der ostdeutschen Gesellschaft eine Rediferen-

Soziale Redifferenzierung

zierung gegenüber [123: D. POLLACK, Ende, 115–117]. Auch das SED-Regime war auf die Leistungen qualifizierter Führungskräfte angewiesen, so dass die Egalitätsdoktrin schon in der Politik der Machthaber gebrochen war. Eine moderne, industrialisierte Gesellschaft setzte funktional eine arbeitsteilige Organisation und ein System differenzierter Leistungsanreize voraus. Darüber hinaus entzogen sich gesellschaftliche Abgrenzungen und soziokulturelle Distinktionsbedürfnisse der politischen Reglementierung und Kontrolle, die von dem Egalitätsanspruch bestimmt waren.

Konsumpolitik und Konsumpraxis

Das Verhältnis zwischen gesellschaftlicher Egalisierung und sozialer Ungleichheit ist in der neueren Forschung aber umstritten geblieben, vor allem in den Untersuchungen zum Geschlechter- und Generationenverhältnis und zum Konsum. So hat I. MERKEL [260: Utopie, bes. 101, 298 f., 411–416] das Konzept eines weitgehend normierten Warenverbrauchs hervorgehoben, der an den Kriterien der Langlebigkeit und Nützlichkeit orientiert war. Allerdings hat sie auch die Widersprüche der Konsumpolitik in der DDR dargelegt, die vor allem von A. KAMINSKY [257: Wohlstand], J. STITZIEL [in: 29: 191–203] und K. PENCE betont worden sind [in: 155: 497–526]. Sie haben überdies die Vielfalt der Konsumstile als Mittel der Identifikation und Abgrenzung einzelner Gesellschaftsgruppen interpretiert. Insgesamt hat sich die Forschung zum Konsum in der DDR auf die Entwicklung der Mode, die Westeinflüsse durch Intershops und Genex und die Werbung konzentriert. Daneben sind das Freizeitverhalten (einschließlich Reisen) und die Werbung untersucht worden. Jedoch ist der Konsum in der DDR nur unzureichend auf die diktatorische Herrschaft bezogen worden [vgl. dazu A. KAMINSKY, in: 50: 246–253]. Mit Ausnahme der Arbeiten von P. G. POUTRUS, B. CIESLA, J. STITZIEL und P. HELDMANN hat die Forschung zum Konsum auch den Stellenwert ökonomischer Rahmenbedingungen unterschätzt [A. STEINER, in: 50: 236; vgl. 266: P. POUTRUS, Erfindung; B. CIESLA, in: 112: 205–234; 255: P. HELDMANN, Herrschaft; J. STITZIEL, in: 29: 191–203]. Insgesamt ist aber unstrittig, dass der Lebensstandard in der DDR deutlich steiler stieg als die Arbeitsproduktivität [285: A. RITSCHL, Aufstieg]. Jedoch bildete sich im ostdeutschen „Arbeiter- und Bauernstaat" dadurch keineswegs ein homogener „sozialistischer" Konsumstil heraus.

Bildungssystem und soziale Ungleichheit

Auch die von der SED-Führung behauptete Chancengleichheit im Bildungssystem blieb aus, wie besonders Untersuchungen S. HÄDERS und H.-E. TENORTHS gezeigt haben [232: S. HÄDER, Schülerkindheit; 233: S. HÄDER/H.-E. TENORTH, Bildungsgeschichte; S. HÄDER, in: 155: 691–708]. In neueren Studien, die vor allem von H. SOLGA [130, Weg],

J. HUININK, K.U. MAYER und H. TRAPPE [in: 108: 89–143] und R. JESSEN [in: 31: 246–250] vorgelegt worden sind, ist sogar herausgearbeitet worden, dass sich seit den sechziger Jahren neue gesellschaftliche Unterschiede herausbildeten, die durch das Bildungssystem weiter gefestigt wurden. Die Ungleichheit wurde damit zunehmend zwischen den Generationen (intergenerationell) verfestigt, wie die Selbstrekrutierung der „neuen Intelligenz" in den siebziger und achtziger Jahren zeigt [102: K. BELWE, Sozialstruktur 136; 74: M. FULBROOK, Germanies, 60]. Auch die hohe intragenerationelle Aufstiegsmobilität, die seit den späten vierziger Jahren vor allem die Entmachtung traditioneller Eliten und die Flucht aus der DDR herbeigeführt hatte, brach nach dem Mauerbau ab.

Überdies blieben Generationen in der staatssozialistischen Gesellschaft voneinander getrennt. Die Jugendpolitik des SED-Regimes und ihre Auswirkungen auf die Heranwachsenden in der DDR sind besonders von U. MÄHLERT [224, Jugend], P. SKYBA [226, Hoffnungsträger; DERS., in: 29, 235–263; Forschungsüberblick: DERS., in: 50: 278–285] und M.-D. OHSE [225, Jugend] untersucht worden. Generationen-
unterschiede

Der Jugend gestanden die führenden Parteifunktionäre erstmals mit den Kommuniqués des Politbüros vom Februar 1961 und vom September 1963 eigene Lebensformen zu. In den frühen fünfziger Jahren hatte die Militarisierung der FDJ, deren Einbindung in den Herrschaftsapparat nur 1956/57 vorübergehend gelockert worden war, und die politische Erziehung in ihrem Kinderverband, der Pionierorganisation „Ernst Thälmann" [dazu: 230: DDR-Volksbildung, Bd. 2, 71–120; 219] die Anziehungskraft der staatlichen Jugendorganisationen erheblich gemindert. Die FDJ konnte deshalb die ihr zugewiesenen Funktionen, die Jugend ideologisch zu indoktrinieren, ihre gesellschaftlich-politische Anpassung zu sichern und Nachwuchskräfte heranzubilden, nicht mehr erfüllen [226: P. SKYBA, Hoffnungsträger, 410–416; vgl. auch 229: C. FÜHR/C.-L. FURCK, Handbuch, Bd. 4, 285–295]. Jugendpolitik
zwischen Militarisierung und
Liberalisierung

Die SED-Führung zielte mit ihrer Reformpolitik in den frühen sechziger Jahren auf eine verstärkte Mobilisierung, um die Jugend für politisches Engagement zu gewinnen und die wirtschaftliche Stagnation zu überwinden. Auch die Aktivitäten der FDJ wurden daraufhin auf die Interessen und Bedürfnisse der Jugend ausgerichtet. So nahm zu dem „Deutschland-Treffen", das die Organisation 1964 veranstaltete, die Radiostation DT 64 ihren Betrieb auf. Nach dem Übergang zur Reformpolitik griffen Jugendliche in der DDR in den frühen sechziger Jahren westliche Lebensstile und Moden auf. Indem sie bevorzugt Jeans („Nietenhosen") trugen, westliche Musik wie Beat hörten und

Diskotheken besuchten, entwickelten Jugendliche Formen der Freizeitgestaltung, die sie von den Erwachsenen abhoben. Ein Generationskonflikt trat auch in den Betrieben hervor, denn hier wandten sich Jugendliche vor allem gegen die Ideologisierung der Arbeit, die für sie weitgehend nur noch Broterwerb war. Ebenso zogen Sportveranstaltungen
viele Jugendliche an. Vor allem der Spitzensport integrierte sie aber
nicht nur in die Gesellschaft, sondern band sie auch an die politische
Ordnung in der DDR [M. FENEMORE, in: 40: 177–181; umfassend 225:
M.-D. OHSE, Jugend].

Jedoch führten radikale Kurswechsel in der Politik der SED
durchweg widersprüchliche Erfahrungen der Jugendlichen herbei, so
dass auch das Bewusstsein der gemeinsamen Generationszugehörigkeit
gebrochen wurde. Bis zu den sechziger Jahren folgte auf Phasen der
Öffnung (1956, 1961, 1963–1965) jeweils unmittelbar darauf eine erneute Unterdrückung, besonders 1957 und 1965. So schlugen Polizei-
kräfte und Mitarbeiter des MfS am 31. Oktober 1965 brutal eine De-
monstration von Jugendlichen nieder, die in Leipzig gegen den Entzug
der Lizenzen für Beat-Bands protestiert hatten [D. WIERLING, in: 18:
223–239].

Individualisierung
in Partnerschaften
und Freizeit

Bildungssoziologische und -historische Studien haben belegt,
dass Jugendliche in den siebziger und achtziger Jahren im Hinblick auf
die Familien- und Partnerschaftsbeziehungen gleichermaßen unkon-
ventionelle wie traditionelle Leitbilder aufwiesen. So strebte die Mehrheit der heranwachsenden Frauen und Männer trotz der zunehmenden
Zahl der Scheidungen und der außerehelichen Lebensgemeinschaften
weiterhin die Ehe an, nicht zuletzt, weil damit die Wohnsituation unmittelbar verbessert werden konnte und eine frühe Heirat wegen der
unkomplizierten Scheidung nur geringe Risiken barg [B. HILLE, in:
223: 32 f.; J. HUININK/M. WAGNER, in: 108: 145–188]. Auch die unterschiedlichen Aktivitäten in der Freizeit, die zunehmend in nicht organisierten Gruppen und losen Cliquen verbracht wurde, verweisen
auf eine wachsende Differenzierung der Lebensstile von Jugendlichen
[W. JAIDE, in: 223: 97 f.]. Befunde empirischer Arbeiten belegen, dass
dieser Prozess maßgeblich von der Differenzierung der Lebensformen
von Erwachsenen in der DDR seit den siebziger Jahren ausgelöst worden war. Damit veränderten sich die Sozialisation und Erziehung in den
Familien tief greifend. So ging der Stellenwert der Eltern als Vorbilder
des eigenen Verhaltens unter Jugendlichen bis zu den achtziger Jahren
fortschreitend zurück, während die Orientierung an Gleichaltrigen zunahm [221: W. FRIEDRICH/H. GRIESE, Jugend, 39–42; 229: C. FÜHR/C.-L.
FURCK, Handbuch, Bd. 4, 101–116]. Auch die Vermittlung der politi-

schen Ziele und der Ideologie des SED-Regimes nahm in den Familien ab, die zudem durch die zunehmende Nacht- und Mehrschichtarbeit belastet wurden [293: W. ZIMMERMANN, Arbeitswelt]. Insgesamt unterhöhlte die Differenzierung der Lebensformen auch in der Jugend schleichend die Egalitätsideologie, der die sozialstrukturelle Entwicklung und die Divergenz der Lebensstile ihre Grundlage entzogen [S. KEISER, in: 222: 39–50; J. GYSI/D. MEYER, in: 213: 142–151].

Der Anspruch auf umfassende gesellschaftliche Gleichheit wurde überdies durch die unterschiedlichen Aufstiegschancen der Generationen und Geschlechter getrübt. Die Entnazifizierung und der damit verbundene Elitenwechsel hatten bis zu den sechziger Jahren den Aufstieg bislang unterprivilegierter Gesellschaftsschichten ermöglicht und damit eine soziale Egalisierung herbeigeführt. Besonders junge Männer aus der Arbeiter- oder Bauernschaft konnten deshalb schnell in Führungspositionen aufrücken, in denen sie oft ihre Ausbildung erweitern oder sogar nachholen mussten. Die Ausbildung von Arbeiterkindern wurde dabei gezielt gefördert und Ungleichheit beim Aufstieg in leitende Stellungen beseitigt oder zumindest verringert, wenn auch zuweilen auf Kosten der fachlichen Fähigkeiten. Demgegenüber schlossen die Machthaber ihre Gegner von höherer Bildung aus und stuften sie in der beruflichen Laufbahn gezielt herab. Da die gesellschaftlichen Führungspositionen in den sechziger Jahren vielfach mit noch jungen Spitzenkräften besetzt wurden, waren die Aufstiegskanäle in den darauf folgenden beiden Jahrzehnten weitgehend verstopft. Die in den fünfziger Jahren Geborenen blieben deshalb gegenüber der älteren Generation so eindeutig benachteiligt, dass unter ihnen die Bindungskraft der Egalitätsideologie deutlich abnahm (vgl. Kap. II, 2.2).

Aufstiegsmobilität und neue soziale Schließung

Darüber hinaus haben neuere Arbeiten zur Frauenpolitik des SED-Regimes und zum Verhältnis der Geschlechter in der DDR gezeigt, dass die weibliche Bevölkerung trotz der größeren Selbstständigkeit, die ihnen die Berufsarbeit verlieh, weiterhin benachteiligt wurde. Dabei hatte die SED die Gleichberechtigung und Gleichstellung der Frauen auf ihre Fahnen geschrieben und der Demokratische Frauenbund Deutschlands (DFD), der im März 1947 aus kommunalen „antifaschistischen" Frauenausschüssen hervorgegangen war, beanspruchte in den Betrieben die Vertretung der weiblichen Beschäftigten, auch gegenüber dem FDGB. Die Staats- und Parteiführung förderte die weibliche Erwerbstätigkeit in der DDR, besonders durch sozialpolitische Maßnahmen wie die Einrichtung von Kindergärten und Kinderhorten. Beruf und Familie wurden damit leichter miteinander vereinbar. Die Kinderbetreuung sollte aber vor allem die Frauen entlasten und tastete

Benachteiligung der Frauen

damit die überlieferte Arbeitsteilung zwischen den Geschlechtern nicht
an [74: M. FULBROOK, Germanies, 59]. Frauen trugen weiterhin die
Hauptlast der Arbeit in Familie und Haushalt. Demgegenüber waren
Männer z. b. an der Betreuung und Erziehung der Kinder deutlich geringer beteiligt [J. GYSI/D. MEYER, in: 213: 157–161; 212: B. BÜHLER,
Mythos, 64, 71, 74 f., 93; D. HARSCH, in: 40: 164, 167; I. MERKEL, in: 32:
376–378]. Auch nachdem das Politbüro der SED in einem Kommuni-
qué („Die Frauen – der Frieden und der Sozialismus"), das am 23. Dezember 1961 veröffentlicht wurde, die Benachteiligung der Frauen offen kritisiert und die Hausarbeit aufgewertet hatte, blieb die Benachteiligung deutlich. Die Gleichstellung der Geschlechter wurde in der DDR
insgesamt nicht erreicht [G. HELWIG, in: 50: 273, 277]. Die Kampagnen
und Programme des SED-Regimes zur Frauenförderung sind von S.
KREUTZER besonders scharf kritisiert worden. Sie hat zwar zugestanden,
dass Frauen überlieferte Geschlechterbilder in Frage stellten, indem sie
in qualifizierte Berufe und in betriebliche Führungspositionen aufrück-
ten. Letztlich müssten die staatlichen Maßnahmen zugunsten der Frau
jedoch als Mittel interpretiert werden, „die patriarchalen Strukturen in
der DDR erfolgreich zu verteidigen" [214: Sozialismus, 24].
     Bis zum Ende der DDR blieben männliche Karrieremuster gesell-
schaftlich verbindlich, die auf einer weit reichenden Verfügbarkeit der
Arbeitskraft basierten. Neuere Studien zu einzelnen Betrieben und sozialen Sektoren haben gezeigt, dass deshalb nur wenige Frauen in Führungspositionen aufstiegen, die in der Regel eine hohe Qualifikation
voraussetzten und einen erheblichen Zeitaufwand erforderten [214: S.
KREUTZER, Sozialismus, 37; D. LANGENHAN/S. ROSS, in: 31: 177–191].
In den Hierarchien der Betriebe und Verwaltungen blieben Frauen
männlichen Beschäftigten untergeordnet. Das Risiko des sozialen Abstiegs nahm besonders zu, wenn die Erwerbstätigkeit unterbrochen
oder verringert werden musste. Auch bestand zwischen Männern und
Frauen eine deutliche Einkommensdisparität fort [H. M. NICKEL, in:
213: 243 f.; L. MERTENS, in: 117: 139]. Nachdem die Bildungspolitik
Frauen in den fünfziger und sechziger Jahren in traditionelle Männer-
berufe umgelenkt hatte, wurde in den darauf folgenden beiden Jahrzehnten wieder schärfer zwischen weiblichen und männlichen Tätig-
keitsfeldern unterschieden. Auch in den Schulen und Universitäten verstärkte sich erneut die Geschlechtertrennung, die sich in der Orientierung auf unterschiedliche Fächer widerspiegelte [B. BERTRAM, in: 222:
143 f.; B. HILLE, in: 213: 215–233]. G.-F. BUDDE hat darüber hinaus auf
die beträchtliche Überqualifikation vieler erwerbstätiger Akademikerinnen hingewiesen [211: Frauen, 291–306; vgl. auch 215: B. MAUL,

Akademikerinnen]. Insgesamt schränkten in der DDR traditionelle Werte und überkommene Verhaltensformen die Egalisierung im Geschlechterverhältnis deutlich ein. Die offizielle Gleichstellungspolitik wurde zudem durch die patriarchalischen Einstellungen vieler Partei- und Staatsfunktionäre nachhaltig dementiert.

Die neuere Forschung hat die Widersprüchlichkeit der politischen Eingriffe und ihre ambivalenten Wirkungen auf die gesellschaftliche Stellung und Rolle der Frauen in der DDR herausgearbeitet. Unstrittig beseitigte die Integration von Frauen in die Erwerbstätigkeit soziale Unterschiede, die in der Bundesrepublik weiterhin die Geschlechter voneinander trennten. Bezahlte Arbeit verlieh weiblichen Beschäftigten in der DDR einen beträchtlichen gesellschaftlichen Status. Dieser „Gleichstellungsvorsprung" [105: R. GEISSLER, Sozialstruktur, 298] der ostdeutschen gegenüber den westdeutschen Frauen ist besonders von Autoren hervorgehoben worden, die den Emanzipationseffekt der staatlichen Frauenpolitik verteidigen.

Widersprüchliche Frauenpolitik

3. Soziale Mobilität durch Verdrängung und Privilegierung

3.1 Die Politik gesellschaftlicher Nivellierung

Die neuere Forschung zur Geschichte der DDR hat nicht nur die Beharrungskraft sozialer Differenzen und kultureller Distinktionen in der DDR belegt, sondern auch gezeigt, dass die Herausbildung der neuen Gesellschaftsstruktur mit einem weit reichenden Prozess gesellschaftlicher Nivellierung einherging. Die Entmachtung traditioneller Führungsgruppen wie der Großgrundbesitzer, der Industriellen und des höheren Bildungsbürgertums, die bis zu den frühen sechziger Jahren ihre Leitungspositionen in Staat, Wirtschaft und Gesellschaft weitgehend eingebüßt hatten, ging mit einer gezielten Privilegierung zuvor marginalisierter sozialer Gruppen einher. Die gesellschaftliche Entdifferenzierung, die in der frühen DDR politisch erzwungen wurde, schliff bestehende sozialstrukturelle Unterschiede ab und veränderte auch tief greifend das Selbstverständnis der Gruppen und Akteure [L. NIETHAMMER, in: 32: 104 f.; M. R. LEPSIUS, in: 32: 18–20].

Entmachtung und Privilegierung

Die Prozesse sozialen Auf- und Abstiegs, die der politisch erzwungene gesellschaftliche Umbruch in der DDR herbeiführte, sind in der neueren Historiographie in vielen Einzelstudien – besonders zur Land- und Industriewirtschaft – nachvollzogen worden [vgl. z. B. 292:

Verdrängung und Deprofessionalisierung

W. ZANK, Wirtschaft]. Allerdings hat sich die Aufmerksamkeit bislang auf die Transformationsphase bis zu den frühen sechziger Jahren konzentriert, in der das SED-Regime eine weit reichende gesellschaftliche Umwälzung herbeiführte. Entmachtung und Privilegierung lösten zunächst einen enormen Mobilitätsschub aus, der mit einem beträchtlichen Verlust an Fachwissen einherging. Diese Deprofessionalisierung wurde von den Machthabern aber in Kauf genommen. Etablierte wirtschaftliche und gesellschaftliche Führungsschichten verloren schrittweise ihre Positionen, so dass viele ihrer Angehörigen nach Westdeutschland flohen. Die soziale Umwälzung ist in historischen Studien nicht nur auf die hohe geographische Mobilität (Zuwanderung neuer Bevölkerungsgruppen wie der Flüchtlinge und Vertriebenen; „Republikflucht") zurückgeführt worden, sondern vor allem auf die Diskreditierung überkommener gesellschaftlicher Eliten durch den Zusammenbruch des „Dritten Reiches", die – damit verbundene – Umverteilung von Eigentum, den Aufbau neuer Staats- und Parteiverwaltungen und den Strukturumbruch im Bildungswesen [R. JESSEN, in: 31: 342–344; 105: R. GEISSLER, Sozialstruktur, 240 f.].

Elitenwechsel in den fünfziger Jahren   Wie empirische Arbeiten zur Durchsetzung des gesellschaftspolitischen Konzeptes gezeigt haben, konnten die neuen Machthaber die Angehörigen der traditionellen Oberschichten letztlich jedoch nur durch den massiven Einsatz der Sicherheits- und Herrschaftsorgane verdrängen, vertreiben und entmachten. Nach dem umfassenden Personalwechsel in Polizei und Justiz, in der „Volksrichter" eingesetzt wurden, trieben diese Dienststellen die Umwälzung, mit der die neue Gesellschaftsstruktur herbeigeführt werden sollte, rücksichtslos voran [296: H. WENTKER, Justiz, bes. 103–171]. Der Elitenwechsel wurde in den fünfziger Jahren auch durch die Militarisierung des gesellschaftlichen Lebens in der DDR erleichtert. Eindeutige Feindbilder und die Erziehung zu Wachsamkeit und Disziplin – vor allem in der FDJ – steigerten ebenso die Unsicherheit wie die militärischen Sprachrituale und Aufmärsche. Protest und Opposition gegen die Vertreibung der traditionellen Eliten wurden damit erstickt [C. ROSS, in: 40: 78–93; 82: G. A. RITTER, DDR, 178 f.].

Entmachtung der Oberschichten   Zwang und Unterdrückung kennzeichneten deshalb die Entmachtung der verbliebenen Adligen, die Kollektivierung der Bauern und die Enteignung des Wirtschaftsbürgertums. Staatsanwälte, Mitarbeiter des MfS, das 1953 vorübergehend zu einem Staatssekretariat herabgestuft wurde, Abschnittsbevollmächtigte (seit 1952) und „freiwillige Helfer" der Volkspolizei brachen in den Betrieben, Vereinen und Städten den Widerstand der gesellschaftlichen Oberschichten [297: F. WERKENTIN,

Strafjustiz; 295; T. LINDENBERGER, Volkspolizei, in: 18: 137–166; DERS., in: 112: 167–203; R. BESSEL, in: 19: 224–252].

Mit der Entmachtung des Wirtschafts- und Bildungsbürgertums eröffnete sich Arbeitern, Kleinbauern und Angehörigen der „neuen Intelligenz" die Chance, zumindest in mittlere Führungspositionen aufzurücken. Der Einsatz der Herrschaftsapparate wird in der Literatur jedoch nur selten auf die Prozesse sozialer Mobilität bezogen, da die gesellschafts- und politikhistorische Forschung immer noch weitgehend getrennt betrieben wird. Es ist deshalb eine „Sozialgeschichte des Politischen" gefordert worden [T. LINDENBERGER, in: 50: 245]. Zudem sind die Ursachen und Auswirkungen von Mobilitätsprozessen zu untersuchen, die sich in den siebziger und achtziger Jahren vollzogen und bislang fast ausschließlich in soziologischen Studien behandelt worden sind [vgl. z. B. 105: R. GEISSLER, Sozialstrukturforschung, 242–245].

Soziale Mobilität

3.2 Sozialer Abstieg: Die Entmachtung der Oberschichten

In der neueren sozialhistorischen Forschung ist die Enteignung der Gutsbesitzer und Unternehmer insgesamt umfassend untersucht und dargestellt worden [vgl. die Beiträge in: 24: T. GROSSBÖLTING, Diktatur]. Auch die gesellschaftlichen Folgen der Zwangsmaßnahmen, die in den späten vierziger und frühen fünfziger Jahren gegen die „Großbauern" und Angehörigen der „freien Berufe" verhängt wurden, sind nach 1990 deutlich herausgearbeitet worden [147: W. BELL, Enteignung; 151: A.-S. ERNST, Prophylaxe; D. AUGUSTINE, in: 19: 49–75]. Demgegenüber hat die wirtschaftliche und gesellschaftliche Verdrängung des Bildungsbürgertums und der selbstständigen Handwerker, die in den fünfziger Jahren in Produktionsgenossenschaften des Handwerks (PGH) gedrängt wurden, in der Historiographie weniger Aufmerksamkeit gefunden [vgl. aber 152: T. GROSSBÖLTING, SED-Diktatur; H. MATTHIESEN, in: 38: 357–388; 165: A. OWZAR, Bündnispolitik; 235: R. JESSEN, Elite].

Schwerpunkte der Forschung

Die Enteignung der Gutsbesitzer und Unternehmer rechtfertigten die Machthaber in der SBZ vor allem mit dem Ziel, eine „antifaschistische" Wirtschafts- und Gesellschaftsordnung zu errichten. Da die kommunistischen Spitzenfunktionäre die Etablierung der nationalsozialistischen Diktatur letztlich auf die Herrschaft der Großunternehmer, Bankiers und „Junker" zurückführten, richtete sich die Politik gesellschaftlicher Destruktion vorrangig gegen diese Gesellschaftsgruppen. In der Notlage der unmittelbaren Nachkriegszeit trafen Maßnahmen zur Verstaatlichung oder Sozialisierung von Eigentum aber auch in den bürgerlichen Parteien CDU und LDP auf Zustimmung. Da die über-

Enteignung und Entnazifizierung

kommene Wirtschafts- und Gesellschaftsordnung nachhaltig diskreditiert und erschüttert war, schien nach dem Zweiten Weltkrieg ein Neubeginn unabdingbar.

Entmachtung der Gutsbesitzer

Außer den führenden Nationalsozialisten und Kriegsverbrechern verloren alle Gutsbesitzer, die über mehr als 100 Hektar verfügten, mit der Durchsetzung der Bodenreform 1945/46 ihr Eigentum. Damit büßten die „Junker", die von der SMAD und der KPD-Führung pauschal als Militaristen und „Ausbeuter" der Kleinbauern und Landarbeiter diffamiert wurden, die ökonomische Grundlage ihres politischen und gesellschaftlichen Einflusses ein. Wie die neuere Forschung gezeigt hat, erhielten nur wenige Gutsherren, die im nationalkonservativen Widerstand gegen das NS-Regime hervorgetreten waren, vorübergehend „Resthöfe" von bis zu 100 Hektar. Die Enteignung und Entmachtung dieser überkommenen ländlichen Elite, aber auch die Folgeprobleme, die bei der schwierigen wirtschaftlichen Festigung und gesellschaftlichen Integration der Neubauern hervortraten, sind in Studien zu einzelnen Forschungsproblemen [vgl. die Beiträge in: 160: U. KLUGE, Bodenreform; 146: A. BAUERKÄMPER, Junkerland; 38: D. VAN MELIS, Sozialismus] und in neueren Gesamtdarstellungen umfassend untersucht worden [145: A. BAUERKÄMPER, Gesellschaft, 68–122, 239–288, 414–427]. Allerdings hat sich die sozialgeschichtliche Forschung dabei auf Mecklenburg und Brandenburg konzentriert.

Verdrängung der „Großbauern"

Einzelne Studien haben auch die Verdrängung der „Großbauern" behandelt, die 1948 einsetzte und 1952/53 mit der beginnenden Kollektivierung verschmolz. Mit der Entmachtung der traditionellen Raiffeisengenossenschaften, gegen deren Funktionäre die SED-Führung 1950 in Güstrow und im darauf folgenden Jahr in Erfurt Schauprozesse inszenierte, verloren die wirtschaftsstarken Landwirte 1949/50 ihre organisatorische Basis [169: J. SCHÖNE, Genossenschaftswesen]. Die sprunghafte Erhöhung der Ablieferungsnormen überforderte die „Großbauern", die überdies bei der Belieferung mit Betriebsmitteln benachteiligt wurden. Zudem begünstigte die 1948 gegründete Demokratische Bauernpartei Deutschlands eindeutig die Neubauern [144: T. BAUER, Blockpartei, 67–147]. Die Auswertung von Justiz- und Polizeiakten hat außerdem gezeigt, wie Partei- und Staatsfunktionäre vor allem 1952/53 Rückstände bei der Ablieferung nutzten, um Strafverfahren gegen „Großbauern" durchzuführen oder sie sogar unmittelbar zu enteignen [297: F. WERKENTIN, Strafjustiz, 73–92]. Auch die Abschnittsbevollmächtigten und „freiwilligen Helfer" der Volkspolizei wurden auf dem Lande gegen die selbstständigen Landwirte eingesetzt [T. LINDENBERGER, in: 18: 137–166]. 1953 hatten 11,9 Prozent der DDR-

Flüchtlinge, die in der Bundesrepublik die Aufnahme beantragten, zuvor in der Landwirtschaft gearbeitet [179: H. HEIDEMEYER, Flucht, 52].

Mit der Beseitigung des Privateigentums an den Produktionsmitteln, die unter den führenden Kommunisten unumstritten war, verschwanden auch die Unternehmer als gesellschaftliche Schicht. Die Historiographie zu diesem Umwälzungsprozess hat sich auf die oft willkürliche und spontane Enteignung belasteter Eigentümer von Industriebetrieben unmittelbar nach dem Kriegsende, die Auswirkungen der rigorosen sowjetischen Reparationspolitik und die Folgen des Volksentscheides „zur Enteignung der Kriegs- und Naziverbrecher" in Sachsen am 30. Juni 1946 konzentriert. Daneben ist die Beseitigung unternehmerischer Autonomie in Studien zum Aufbau der Zentralplanwirtschaft behandelt worden. *Enteignung der Unternehmer*

Die Entlassung von Unternehmern in den ersten Nachkriegsjahren ist vor allem anhand einzelner Betriebe wie der Landmaschinenfabrik Rudolf Sack in Leipzig und der Chemnitzer Auto Union AG untersucht worden [288: F. SCHULZ, Elitenwandel; 283: M. KUKOWSKI, Autounion]. Viele Betriebe, deren Eigentümer sich offenkundig durch ihr Engagement für die Nationalsozialisten kompromittiert hatten, wurden bereits 1945/46 von Behörden beschlagnahmt oder spontan von ihren Belegschaften übernommen. Zudem hatte die SMAD mit ihren Befehlen Nr. 124 und 126 Ende Oktober 1946 angeordnet, zahlreiche „herrenlose" Industriebetriebe und Unternehmen von „Naziaktivisten und Kriegsverbrechern" zu beschlagnahmen. *Beschlagnahme von Industriebetrieben*

Nach der Entlassung der Direktoren übernahmen vielerorts „antifaschistische Ausschüsse", führende Angestellte oder Manager die Leitung der Unternehmen. Aber schon 1947 stellten ehemals leitende Angestellte nur noch sechs Prozent der Direktoren von VEB; demgegenüber hatten frühere Angestellte 31 Prozent dieser Führungspositionen besetzt. Daneben waren schon 24 Prozent der Betriebsleiter ehemalige Arbeiter [105: R. GEISSLER, Sozialstrukturreform, 240]. Diese „Übergangselite" [288: F. SCHULZ, Elitenwandel, 121] wurde in den fünfziger Jahren schließlich durch neue „Kader" ersetzt, die an Hochschulen ausgebildet worden waren. Da betriebliche Führungskräfte fehlten, konnten in den Betrieben der VVB sogar frühere Nationalsozialisten wieder beschäftigt werden, vor allem als Werkleiter sowie als Technische und Kaufmännische Leiter. *Wechsel der Betriebsleitungen*

Neuere wirtschaftsgeschichtliche Studien haben gezeigt, dass Unternehmer in der SBZ in den ersten Nachkriegsjahren ihre Autonomie auch durch die Überführung ihrer Betriebe in SAG und durch Requisitionen sowjetischer Besatzungsbehörden einbüßten [dazu die *Reparationen und Demontagen*

Übersicht in A. STEINER, in: 50: 229 f.]. Schon unmittelbar nach dem Kriegsende griffen sowjetische Militäreinheiten mit der – oft spontanen – Beschlagnahme von Investitionsgütern und Erzeugnissen tief in die Betriebsleitung ein. Diese „Trophäenaktionen" konnten von den verbliebenen Unternehmern ebenso wenig verhindert werden wie die Entnahmen aus der laufenden Produktion, die den Wiederaufbau der Industrie besonders nachhaltig verzögerten. Die Betriebsleitungen waren auch nicht imstande, die (z.t. erzwungene) Rekrutierung von technischen Spezialisten für den Arbeitseinsatz in der UdSSR zu verhindern. Mit diesen „intellektuellen Reparationen" [B. CIESLA, in: 273: 79–109] und ihren umfangreichen Demontagen senkten die sowjetischen Behörden bis 1948 das Bruttoanlagevermögen in ihrer Besatzungszone auf 74 Prozent des 1936 erreichten Standes. Nach dem SMAD-Befehl Nr. 165 vom 5. Juni 1946 mussten Betriebe, die zur Demontage vorgesehen waren – vor allem in der chemischen Industrie, im Braunkohlebergbau und in der Energiewirtschaft –, in SAG umgewandelt werden und ihre Produkte in die Sowjetunion ausführen [R. KARLSCH, in: 155: 270–276]. Schon zuvor hatte die sowjetische Besatzungsmacht die Direktoren der von ihr übernommenen Betriebe abgesetzt und neue Leiter ernannt. Mit den SAG blieben zwar rund 300 000 Beschäftigte in Deutschland und auch die Reparationen steigerten kurzfristig das Wachstum und die Beschäftigung. Das Urteil C. BUCHHEIMS, „dass die Reparationen in den ersten Nachkriegsjahren, verglichen mit der Situation in Westdeutschland, eher einen positiven Gesamteffekt auf die Wirtschaft der SBZ hatten" [274: Kriegsfolgen, 524] ist aber auf Widerspruch getroffen [vgl. A. STEINER, in: 50: 230]. Allein die Demontagen sind auf 25 Prozent der 1944 vorhandenen industriellen Kapazitäten geschätzt worden [292: W. ZANK, Wirtschaft, 191]. Auch die Reparationen, deren Wert R. KARLSCH mit insgesamt 54 Mrd. RM/Mark [280: Reparationsleistungen, 230 f.; dazu jetzt auch: 281: DERS./J. LAUFER, Demontagen] und J. FISCH mit 53 bis 55 Milliarden (jeweils zu laufenden Preisen) veranschlagt hat [275: Reparationen, 196], trugen maßgeblich zur Entmachtung der Unternehmer bei. Damit fehlte der DDR aber die wirtschaftliche Kompetenz dieser Gruppe, so dass viele „volkseigene" Betriebe improvisiert und ineffizient geleitet wurden.

Volksentscheid und Verstaatlichung in Sachsen   Nach der Volksabstimmung „zur Enteignung der Nazi- und Kriegsverbrecher" wuchs die Zahl der Unternehmer, die einen rapiden sozialen Abstieg hinnehmen mussten. Dazu liegen vor allem zu Sachsen neue Befunde der sozialhistorischen Forschung vor [278: W. HALDER, Modell, 288: F. SCHULZ, Elitenwandel]. Hier hatte die Landesver-

waltung unter Anleitung der regionalen sowjetischen Militäradministration die Verstaatlichung von Schlüsselindustrien bereits seit Herbst
1945 vorbereitet. Dazu bot die Sequestrierung „herrenloser" Betriebe
Handlungsspielraum. Jedoch war die Festlegung des Personenkreises,
der enteignet werden sollte, zwischen den Parteien noch im Frühjahr
1946 umstritten. Nachdem der Volksentscheid schließlich angenom-
men worden war, wurden vor allem Unternehmer enteignet, die Großbetriebe der Textil- und Maschinenbauindustrie leiteten. Demgegenüber blieb das Kriterium individueller politischer Belastung im „Dritten Reich" untergeordnet. So hatten 47,6 Prozent der Leiter von 1.861
enteigneten Betrieben, die verstaatlicht wurden, zuvor als Arbeiter und
nur 4,2 Prozent als Direktoren gearbeitet. Von insgesamt 1.672 Be-
triebsleitern konnten am 30. September 1946 allein 324 nicht ermittelt
werden; 327 waren inhaftiert und 67 verstorben [288: F. SCHULZ, Elitenwandel, 119]. Die beschlagnahmten Betriebe wurden im Sommer 1946
nach Branchen und Regionen in „Industrieverwaltungen" zusammen-
gefasst. 28 Prozent der neuen landeseigenen Betriebe verarbeiteten
Metall und 26 Prozent stellten Textilwaren her. Die Funktionäre, die
mit der Leitung der Industrieverwaltungen beauftragt wurden, waren
den Anforderungen aber nicht gewachsen. Auch hier ging der Elitenwechsel mit einer Deprofessionalisierung einher.

Insgesamt hatte der Volksentscheid die soziale Deklassierung der
Unternehmer in der SBZ und frühen DDR beträchtlich beschleunigt.
Als die im März 1946 von der SMAD eingerichtete Zentrale Deutsche
Kommission für Sequestrierung und Beschlagnahme im April 1948
aufgelöst wurde, entfielen in der SBZ jeweils 39 Prozent der Industrieproduktion auf „volkseigene" Betriebe und private Unternehmen; SAG
stellten einen Anteil von 22 Prozent. Bis zu den frühen fünfziger Jahren
trieb die SED-Führung die Enteignung von Privatbetrieben in der Industrie weiter voran, indem sie neue rechtliche Bestimmungen erlassen
und die verbliebenen Unternehmer gezielt verdrängt wurden. In spektakulären Schauprozessen – so gegen sächsische Textilunternehmer in
Glauchau-Meerane Ende 1948 – demonstrierten die Spitzenfunktionäre
ihre Entschlossenheit, den Inhabern privater Betriebe endgültig ihr
Eigentum zu entziehen. Die Beschlagnahme, Enteignung und Verstaatlichung, mit der Unternehmer auch gesellschaftlich entmachtet wurden,
ist in der Forschung nach 1990 aber unterschiedlich interpretiert worden. So hat W. HALDER diese Prozesse vorrangig mit dem politischen
Ziel der SED-Führung, ihr Herrschafts- und Gestaltungsmonopol
durchzusetzen, erklärt, während von J. ROESLER der allgemeine antika-
pitalistische Konsens – auch über Deutschland hinaus – betont worden

**Enteignung von
Unternehmern und
Schauprozesse**

ist [278: W. HALDER, Modell, 212–293, bes. 246, 255; J. ROESLER, in: 33: Bd. 1, 171–173].

Zentralplanwirtschaft und Enteignungspolitik

Die Herausbildung der sozialistischen Zentralplanwirtschaft seit 1947 entzog noch nicht enteigneten oder entlassenen Unternehmern vollends die Kontrolle über ihre Betriebe. Der Übergang zur staatlichen Planwirtschaft, die auch die Arbeitskräftelenkung erfasste [279: D. HOFFMANN, Aufbau, 183–206, 249–402; zur Entwicklung bis 1949: 292: W. ZANK, Wirtschaft, 97–169, 184–186], ist in der neueren Historiographie zur DDR umfassend behandelt worden. Allerdings haben die Folgen dieses Prozesses für den personellen Wechsel in den Betriebsleitungen in der Forschung bislang nur wenig Aufmerksamkeit gefunden [vgl. A. STEINER, in: 50: 230 f.]. Die Gründung der Deutschen Wirtschaftskommission als Koordinierungsorgan durch den SMAD-Befehl Nr. 138 vom 4. Juni 1947 ist als wichtiger Schritt zur Wirtschaftsplanung interpretiert worden. Jedoch schlossen die anhaltenden Konflikte zwischen den Zentralverwaltungen, den Landesbehörden und der übergeordneten SMAD bis in die späten vierziger Jahre die Durchsetzung eines einheitlichen Konzeptes der Wirtschaftsplanung aus [278: W. HALDER, Modell, 596–603].

Obgleich in neueren wirtschaftsgeschichtlichen Studien herausgearbeitet worden ist, dass die DWK erst mit dem SMAD-Befehl Nr. 32 vom 12. Februar 1948, der ihr die Gesetzgebungskompetenz verlieh, zu einer starken koordinierenden Zentralgewalt wurde, bleibt das Verhältnis von Wandel und Kontinuität in der Herausbildung der Zentralplanwirtschaft umstritten [278: W. HALDER, Modell, 601]. Außer den Etappen der Organisation sind die administrativen Strukturen und die Folgen der zunehmend zentralen Eingriffe in die Wirtschaftsordnung und die Zuteilungsprozesse erforscht worden [dazu auch: 287: F. SATTLER, Wirtschaftsordnung].

Im Juni 1948 entschied die SED-Führung, Entwürfe für einen Halbjahr- bzw. Zweijahrplan (für 1949/50) ausarbeiten zu lassen. Im darauf folgenden Jahr konnte die DWK auch die SAG in die Wirtschaftsplanung einbeziehen. Mit dem 1. Fünfjahrplan (1951–1955) war der Übergang zu einer zentral und staatlich gelenkten Wirtschaftsordnung in der DDR vollzogen [41: K. SCHROEDER, SED-Staat, 110–113]. Jedoch hat die neuere Forschung gezeigt, dass der Planungsprozess die Wirtschaft der DDR erst in den fünfziger Jahren schrittweise durchdrang [278: W. HALDER, Modell, 537–579].

Aporien der Planwirtschaft und neue Eigentumsstruktur

Die Durchsetzung des Systems der sozialistischen Zentralplanwirtschaft, deren Ineffizienz vor allem C. BUCHHEIM [274: Kriegsfolgen, 524, 528 f.] und O. SCHWARZER [289: Zentralplanwirtschaft, 223 f.]

als Ursache des geringen Produktivitätswachstums in der DDR gegenüber den Verlusten durch Reparationen hervorgehoben haben, beseitigte in der DDR auch das Leitbild des autonom entscheidenden
Betriebsleiters. Die zentrale Wirtschaftslenkung beruhte auf der staatlichen Verfügungsgewalt über die Industriebetriebe. Anstelle des privaten Eigentums war eine vom Herrschaftsapparat gesteuerte Staats-
wirtschaft getreten, in der Wettbewerb ebenso fehlte wie ein an Angebot und Nachfrage orientiertes Preissystem [dazu 46: S. WOLLE, Welt,
189–194]. In der gewerblichen Wirtschaft dominierte zunehmend das
„sozialistische Eigentum" („Volkseigentum" an Wirtschaftsunterneh-
men und „genossenschaftliches Eigentum"). Betriebe dieser Eigen-
tumsform stellten 1950 bereits 55 Prozent des Sozialproduktes der
DDR. In diesem Jahr erreichte der Anteil des staatlichen bzw. genossenschaftlichen Eigentums auch im Großhandel zwei Drittel und im
Einzelhandel die Hälfte der Bruttoproduktion. Das NÖS bzw. ÖSS ließ
den Betrieben in den sechziger Jahren zwar eine größere Entschei-
dungsfreiheit; jedoch blieben die Reformen widersprüchlich, so dass
sie das Verhalten der an den wirtschaftlichen Prozessen Beteiligten
kaum veränderte [290: A. STEINER, DDR-Wirtschaftsreform, bes. 342–
344, 552–554; in breiterer Perspektive auch: 291: DERS., Plan]. Die
zentrale Lenkung und Zuteilung von Ressourcen (z. B. Arbeitskräften und Rohstoffen) wurde in den späten sechziger Jahren wieder-
hergestellt, so dass Innovationen, die nicht in die Wirtschaftspläne
aufgenommen waren, unterblieben [dazu: A. BAUERKÄMPER/B. CIESLA/
J. ROESLER, in: 37: 116–121; Fallstudien in 272: J. BÄHR, Innovations-
verhalten]. Auch die Ausgestaltung der Arbeitsbeziehungen in den
Betrieben senkte die Produktivität. Zudem waren Preise und Kosten
ebenso wenig aufeinander bezogen wie Leistung und Einkommen. Der
Wirtschaftsplan blieb „Befehl und Fiktion" [284: T. PIRKER, Plan; 276:
L. FRITZE, Panoptikum; vgl. auch 203: J. FRERICH/M. FREY, Handbuch,
91–171].

   Der Anteil der „volkseigenen" Industrie am Nettoprodukt der   „Volkseigene" und
DDR war schon von 1950 bis 1963 von 66,2 auf 78,4 Prozent gestie-   staatliche Betriebe
gen; darüber hinaus stellten Betriebe mit staatlicher Beteiligung 1963
9,4 Prozent des Nettoproduktes. Nachdem 1972 schließlich auch
Unternehmen vollständig verstaatlicht worden waren, in denen zunehmende Staatsbeteiligungen die Autonomie der Eigentümer schon
zuvor erheblich eingeschränkt hatten, erzeugten die „sozialistischen
Betriebe" in der DDR mehr als 90 Prozent des Sozialproduktes. Mit
diesem letzten Sozialisierungsschub waren Unternehmer als soziale
Gruppe auch im Handwerk weitgehend beseitigt worden [J. ROESLER,

in: 33: Bd. 1, 175, 184–186]. Jedoch erbrachten PGH noch 1981 41,1 Prozent der Leistungen des Handwerks [13: R. RYTLEWSKI, Zahlen, 84].

3.3 Aufstiegsmobilität und neue Abschließung

Aufstiegsmobilität und Bildungssystem

Der Verdrängung, Repression und Entmachtung bildungs- und besitz-bürgerlicher Schichten, die den Aufbau der neuen Gesellschaftsord-nung blockierten, entsprach in der SBZ/DDR die gezielte Privilegie-rung der Arbeiter und Bauern und die Herausbildung der „neuen Intel-ligenz". Die Forschung zum Aufstieg von Angehörigen dieser Gruppen hat nicht nur die materiellen Vergünstigungen und die ideologische Aufwertung als Instrumente der politisch gesteuerten sozialen Mobili-tät herausgearbeitet, sondern auch die Umwälzung des Bildungssys-tems als Voraussetzung der gesellschaftlichen Transformation durch eine „Gegenprivilegierung" [132: F. THIEME, Sozialstruktur, 75] von Arbeitern und Bauern behandelt. Ausgehend von Studien zur Entwick-lung des Schulsystems und der Schulpolitik in der DDR, sind nach 1990 die Volksbildung und das Schulsystem der DDR umfassend unter-sucht worden, so in einem Projekt des Ministeriums für Bildung, Ju-gend und Sport des Landes Brandenburg [230: DDR-Volksbildung, bes. Bd. 1, 17–43; 229: C. FÜHR/C.-L. FURCK, Handbuch, Bd. 4].

Aufstieg von „Arbeiter- und Bauernkindern"

Im Hinblick auf Prozesse sozialen Aufstiegs wurden vor allem die Bildung der Arbeiter- und Bauern-Fakultäten und die Rekrutierung der Neulehrer Forschungsschwerpunkte. Seit den fünfziger Jahren sollten „Arbeiter- und Bauernkinder" in einem neuen System allgemeinbilden-der Schulen gefördert werden, das eine ausgeprägte Praxisorientierung mit politischer Erziehung, Staatsbürgerkundeunterricht und (seit Sep-tember 1978) auch Wehrkundeunterricht verband [230: DDR-Volksbil-dung, Bd. 2, 211–314; Bd. 3, 19–152; 229: C. FÜHR/C.-L. FURCK, Hand-buch, Bd. 4, 359–375; allgemein: T. AMMER, in: 50: 293–299]. Jedoch haben neuere Arbeiten auch gezeigt, dass die soziale Mobilität seit den sechziger Jahren rapide zurückging, da viele Führungspositionen mit jungen Leitungskräften besetzt waren, die ihre Herkunft auf die „Arbei-terklasse" zurückführten.

Arbeiter- und Bauern-Fakultäten

Der Stellenwert der Vorstudienanstalten und der – aus ihnen 1949 hervorgegangenen – Arbeiter- und Bauernfakultäten (ABF) für die Ausbildung von „Arbeiter- und Bauernkindern" ist in der Historiogra-phie zur DDR-Gesellschaft deutlich hervorgetreten. Im Gegensatz zu der Schulreform, mit der nach dem „Gesetz zur Demokratisierung der deutschen Schule" vom Mai 1946 die Einrichtung der Einheitsschule (in vier Stufen) angeordnet wurde, ging die Gründung der Vorstudienanstalten nicht von der Deutschen Zentralverwaltung für Volksbildung, sondern von den Verwaltungen der Länder und Provinzen in der SBZ aus. Während die Eingliederung der Vorstudienanstalten in die Universitäten 1947/48 gelang, blieb die Rekrutierung der Bewerber – vor allem durch die „Kommissionen zur Förderung des Studiums der Arbeiter und Bauern" – weit hinter den Erwartungen der SED-Führung zurück. Die (ohnehin flexibel definierten) „Arbeiter" bzw. „Arbeiterkinder" konnten von FDGB-Funktionären nur begrenzt für das Studium an Vorstudienanstalten bzw. ABF gewonnen werden. Auch der Besuch von „Bauern" (Landwirten mit weniger als 15 Hektar) blieb schwach. Außer den Schranken von Milieus, in denen Bildung nur ein geringer Wert zuerkannt wurde, erwies sich das Interesse der Betriebsleitungen an der Arbeitskraft der Beschäftigten als kaum überwindbares Hindernis einer Politik der sozialen Mobilisierung, an der seit 1949 zunehmend auch der hauptamtliche Apparat der SED beteiligt wurde. Da die Statistiken jedoch lückenhaft blieben und nicht nach einheitlichen Kriterien geführt wurden, sind die Auswirkungen der Schulung und Erziehung in den Vorstudienanstalten bzw. ABF umstritten geblieben. Einzelne Befunde belegen aber eine zunehmende soziale Aufstiegsmobilität von „Arbeitern", „Bauern" und ihren Kindern [238: M. C. SCHNEIDER, Bildung].

Die Einrichtung von Zehnklassenschulen sollte den sozialen Aufstiegsprozess in den fünfziger Jahren beschleunigen. Auf ihrer 3. Parteikonferenz entschied die SED-Führung im März 1956 überdies, die „sozialistische Umgestaltung des Schulwesens" durch den Ausbau der polytechnischen Erziehung voranzutreiben, die theoretisches Lernen und praktische Arbeit zusammenführen und damit Ausbildung und Produktion miteinander verzahnen sollte, letztlich aber auf technisch-instrumentelles Handeln ausgerichtet war. Da die Reform vor allem auf einen Wandel der sozialen Zusammensetzung der Oberschulen nach den Zielen der gesellschaftlichen Konstruktionspolitik des SED-Regimes zielte, sollten „Arbeiter- und Bauernkinder" in den neuen 9. und 10. Klassen 80 Prozent der Schüler stellen. Seit den späten fünfziger Jahren wurden auch die Bildungsinhalte deutlicher an der Klientel ausgerichtet, deren Aufstieg zu fördern war. Besonders die neue zehnklassige polytechnische Oberschule (POS), deren Einrichtung mit einem Gesetz vom 2. Dezember 1959 den Übergang zur „sozialistischen Schule" (mit Praktika und Werkunterricht) herbeiführen sollte, und die „Erweiterte allgemeinbildende polytechnische Oberschule" (EOS) sollten bislang marginalisierten Schichten Bildungsinhalte vermitteln, die nicht zuletzt mit ihren Herkunftsmilieus vereinbar waren [229:

Zehnklassenschulen und polytechnische Bildung

C. Führ/C.-L. Furck, Handbuch, Bd. 4, 174–192]. Das „Gesetz über das einheitliche sozialistische Bildungssystem" vom 25. Februar 1965 erhob die zehnklassige Oberschule schließlich zur Regelschule; die sich anschließende erweiterte Oberschule führte zur Hochschulreife.

Neulehrer Über den grundlegenden Neuaufbau von Bildungseinrichtungen hinaus sollte auch ein Wechsel des Lehrpersonals in Schulen und Universitäten die Qualifizierung von „Arbeitern", „Bauern" und ihrer Kinder gewährleisten. Die Bildungspolitik des SED-Regimes zielte auf einen Multiplikatoreneffekt, indem Lehrkräfte, die aus der Arbeiter- oder Bauernschaft rekrutiert worden waren, ihrerseits den sozialen Aufstieg von „Arbeiter- und Bauernkindern" durch den Abschluss höherer Bildung oder des Studiums herbeiführten. Neuere Arbeiten zum Schulwesen haben nicht nur die Auswirkungen der weit reichenden Entnazifizierung der Lehrerschaft nach dem SMAD-Befehl Nr. 40 vom 25. August 1945 untersucht, sondern auch die Schlüsselrolle der Neulehrer für die Förderung der vom SED-Regime bevorzugten Gesellschaftsschichten herausgestellt. Dabei ist von B. Hohlfeld vor allem die politische Indienstnahme der Neulehrer untersucht worden [234: Neulehrer, 427]. Demgegenüber hat P. Gruner anhand biographischer Fallstudien die Konstruktion eigener Identitäten und Sinnbezüge (z. B. den Gründungsmythos der DDR und den Rekurs auf proletarische Lebenslagen) sowie die Durchsetzung individueller Interessen durch die Neulehrer nachvollzogen [231: P. Gruner, Neulehrer, 347–351; 230: DDR-Volksbildung, Bd. 2, 315–442].

Nachdem die sowjetischen Militärbehörden im Dezember 1945 angeordnet hatten, kurzfristige Kurse für künftige Volksschullehrer einzurichten, beschleunigte sich der Personalwechsel in den Lehrerkollegien. Jedoch entwickelten sich in den Schulen anhaltende Konflikte zwischen den Neulehrern und den verbliebenen Kräften, die z.T. Anhänger der Reformpädagogik waren. Zudem trafen Frauen bei ihren männlichen Kollegen auf erhebliche Vorbehalte [211: G.-F. Budde, Frauen, 264 f.]. Ebenso wie für die Vorstudienanstalten bzw. die ABF konnten für die Neulehrerkurse überdies nur begrenzt bildungsferne Schichten gewonnen werden, da die geringen Stipendien Arbeitern, die in Betrieben beschäftigt waren, kaum Anreize boten. Nicht zuletzt fehlten vielen Bewerbern die erforderlichen Bildungsvoraussetzungen [231: P. Gruner, Neulehrer, 83 f.]. Schließlich verdeckte der Personalwechsel im Bildungswesen die Beharrungskraft traditioneller Werte, die auch von den neuen Lehrkräften vermittelt wurden.

Hochschullehrer Ein bildungsbürgerlicher Habitus prägte bis zu den sechziger Jahren auch das Verhalten der Hochschullehrerschaft, deren strukturellen

Wandel R. JESSEN [228: Elite] und J. CONNELLY [235, University] eingehend untersucht haben. In den frühen fünfziger Jahren nahmen der staatliche Dirigismus und die Politisierung an den Hochschulen der DDR sprunghaft zu [236: I.-S. KOWALCZUK, Geist; 82: G. A. RITTER, Deutschland, 185]. Dennoch wiesen 1954 erst rund 13 Prozent der Professoren eine Herkunft aus Familien von Arbeitern und Kleinbauern auf. Mehr als doppelt so hoch war dieser Anteil in der Gruppe der Dozenten. Erhebliche Unterschiede sind aber nicht nur zwischen den Alterskohorten und Statusgruppen, sondern auch zwischen den Disziplinen festgestellt worden. Während Arbeiterkinder in den naturwissenschaftlichen und technischen Fächern bis zu den sechziger Jahren ebenso unterrepräsentiert blieben wie in der Medizin und Theologie, stieg ihr Anteil in den Wirtschafts-, Rechts- und Gesellschaftswissenschaften schnell [R. JESSEN, in: 32: 223]. Schon bevor die Reform des Graduierungs- und Berufungsrechtes 1968/69 die „Lehrbefähigung" als Berufungsvoraussetzung einführte, war in der DDR auch der Anteil der habilitierten Professoren auf 71,5 Prozent (1965) zurückgegangen. Damit war der Widerstand gegen die von der SED kontrollierte Aspirantur gebrochen, gegen die sich in den naturwissenschaftlichen, medizinischen und technischen Fächern bis zu den frühen sechziger Jahren die Assistentur weitgehend behauptet hatte. In diesen Fächern hatten vor allem die Professoren den offiziell geforderten Aufstieg von „Arbeiter- und Bauernkindern" gebremst, da sie sich weigerten, Bildungszertifikate zu vergeben, die nicht ausschließlich auf wissenschaftlicher Leistung beruhten [R. JESSEN, in: 19: 93].

Die traditionellen Eliten im Bildungsbürgertum konnten die soziale Egalisierung jedoch nur verzögern, die von der SED-Führung nachdrücklich und gezielt vorangetrieben wurde. Nach G. ERBES Befunden waren 1964 bereits 80 Prozent der „neuen Intelligenz" nach 1951 ausgebildet worden [150: Arbeiterklasse, 90]. Anfang der siebziger Jahre stellten Aufsteiger aus der Arbeiter- und Bauernschaft sowie aus der Angestelltenschicht rund 75 Prozent der „neuen Intelligenz". Mit der Aufstiegsmobilität war besonders in der Lehrerschaft, im Offizierskorps und unter den Staatsanwälten ein umfassender sozialstruktureller Wandel einhergegangen [105: R. GEISSLER, Sozialstruktur, 240 f.]. Obgleich damit soziale Unterschiede und kulturelle Abgrenzungen keineswegs vollends eingeschmolzen waren, hatte die gesellschaftliche Umwälzung in der DDR neben der Machtelite nur eine untere Mittel- und die Unterschicht (Arbeiter, Kleinbauern und Angestellte) zurückgelassen. D. MÜHLBERG hat sogar argumentiert, dass aus dem gezielt herbeigeführten Austausch der Funktionseliten in den Betrieben und

Elitenwechsel und Nivellierung

Verwaltungen in der DDR letztlich eine „Unterschichtengesellschaft" [263: Orientierung, 53] hervorging.

Ausweitung des Arbeiterbegriffes

Die Wirkungen der Verdrängungs- und Aufstiegspolitik sind jedoch statistisch kaum zu erfassen, weil „Arbeiter" und „werktätige Bauern" als Kategorien in den fünfziger Jahren nahezu uferlos ausgeweitet und die „Arbeiter" und „Angestellten" seit 1963 in der DDR-Statistik nicht mehr getrennt wurden [135: D. VOIGT/W. VOSS/S. MECK, Sozialstruktur, 149]. Besonders der Arbeiterbegriff bezeichnete zunehmend weniger die Zugehörigkeit zu der Berufsgruppe, sondern die Herkunft. Dieser inflationären Verwendung des Terminus verliehen Spitzenfunktionäre wie Anton Ackermann schon früh kräftig Auftrieb (vgl. Zitat in: 238: M. C. SCHNEIDER, Bildung, 27].

Egalisierung

Die „Diktatur des Proletariats" basierte nach dem Selbstverständnis der Machthaber auf der Arbeiterschaft als „führender Klasse". Jedoch spiegelte der hohe Anteil von Arbeitern in den offiziellen Statistiken der DDR nicht nur die Programmatik der Machthaber, sondern auch den Prozess der sozialen Egalisierung wider. So stieg der Anteil der Arbeiter und – seit 1963 – Angestellten (nach ihrer Stellung im Beruf) von 1955 bis 1980 von 78,4 auf 89,4 Prozent [135: D. VOIGT, Sozialstruktur, 126]. 1986 rechneten soziologische Studien in der DDR fast drei Viertel der Bevölkerung der „Arbeiterklasse" zu, während die „Klasse der Genossenschaftsbauern" nur mit einem Anteil von 6,8 Prozent veranschlagt wurde [132: F. THIEME, Sozialstruktur, 74, 79; vgl. auch 13: R. RYTLEWSKI/M. OPP DE HIPT, Zahlen, 66 f.]. Einkommensunterschiede zwischen Arbeitern und Angestellten, Mitgliedern von Produktionsgenossenschaften und Selbstständigen wurden weitgehend eingeebnet. Dagegen bezogen Rentner ein deutlich niedrigeres Einkommen, vor allem wegen der Betriebsfixierung, der fehlenden Dynamisierung der Renten und der starren Beitragsbemessungsgrenze von 600 Mark [D. HOFFMANN, in: 282: 392–400].

Verzögerter Wandel der Beschäftigtenstruktur

Zugleich spiegelte der hohe Arbeiteranteil den verzögerten gesamtgesellschaftlichen Wandel in der DDR wider. So wiesen die Bereiche Industrie, Warenproduktion und Bauwirtschaft noch 1980 einen Beschäftigtenanteil von 48,3 Prozent auf. Fünf Jahre später arbeiteten demgegenüber erst 41,5 Prozent der Beschäftigten im Dienstleistungssektor. Dieser „Tertiärisierungsrückstand" [105: R. GEISSLER, Sozialstruktur, 365] der DDR (im Vergleich zur Bundesrepublik und anderen westlichen Staaten) zeigte sich in der unterentwickelten Dienstleistungsschicht, deren Arbeitsproduktivität gering blieb. Insgesamt misslang der SED-Führung der „Sprung in die Dienstleistungsgesellschaft" [28: D. HOFFMANN, DDR, 200].

Wegen des Egalisierungsprozesses, der mit der Auf- und Abstiegsmobilität einherging, ist die DDR als eine „nach unten [...] nivellierte Arbeiter- und Bauerngesellschaft" [105: R. GEISSLER, Sozialstruktur, 63] bezeichnet worden. Da die Arbeiter seit den fünfziger Jahren offiziell weitgehend mit dem neuen Staat identifiziert wurden, hat die neuere Geschichtsschreibung dieses enge Verhältnis begrifflich-konzeptionell als „Staatsarbeiterklasse" [K. TENFELDE, in: 155: 893] oder „verstaatlichte Arbeiterbewegung" [159: C. KLESSMANN, Arbeiterbewegung] gefasst. Dagegen ist der Vorschlag, die Arbeiterschaft in der DDR summarisch als „Werktätige" zu bezeichnen [I. MERKEL, in: 155: 543, 552 f.] kritisiert worden, da dieser Begriff letztlich die Legitimationsideologie des SED-Regimes mit dem Anspruch gesellschaftlicher Harmonie widerspiegelt [vgl. 29: D. HOFFMANN/M. SCHWARTZ/H. WENTKER, Mauerbau, 13]. Zudem verdeckt die Pauschalkategorie „Werktätige" die weiterhin einflussreichen sozialen Unterschiede und kulturellen Distinktionen zwischen einzelnen Arbeitergruppen. So konnte die gesellschaftliche Distanz zwischen Industrie- und Landarbeitern in der DDR nie vollständig beseitigt werden [A. BAUERKÄMPER, in: 155: 245–267].

DDR als „Arbeiter-
und Bauerngesell-
schaft"?

Insgesamt vollzog sich bis zu den frühen sechziger Jahren im zweiten deutschen Staat jedoch eine soziale Umwälzung, mit der traditionelle gesellschaftliche Eliten im Wirtschafts- und Bildungsbürgertum zugunsten von „Arbeiter-und-Bauern-Kadern" verdrängt wurden. Die beträchtliche Beharrungskraft gefestigter Schichten und Milieus, die in empirischen Studien herausgestellt worden ist, verzögerte den weitgehend politisch herbeigeführten Aufstieg von Arbeitern, Bauern und ihren Kindern, verhinderte diesen Prozess aber nicht. Nach den Befunden der soziologischen und sozialhistorischen Forschung folgte jedoch auf die enorme intra- und intergenerationelle Aufstiegsmobilität seit den sechziger Jahren eine neue soziale Abschließung.

Sozialer Auf- und
Abstieg

Der hohe Stellenwert der Generationsdifferenz ist besonders in einer umfassenden Untersuchung hervorgetreten, für die in den neuen Bundesländern im September 1991 und Oktober 1992 insgesamt 2.323 Frauen und Männer der Geburtsjahrgänge 1929–1931, 1939–1941, 1951–1953 und 1959–1961 befragt wurden [108: J. HUININK, Kollektiv]. Die Befunde dieser umfassenden Studie belegen, dass die Gruppe der fachlichen und politischen Leitungskräfte in Betrieben und Verwaltungen, die in den fünfziger Jahren sukzessive in ihre Positionen aufgerückt waren, den Aufstieg der nachfolgenden Generationen immer nachhaltiger blockierte. Während die Geburtsjahrgänge um 1930 schnell avanciert waren, trafen die dreißig Jahre später Geborenen auf

Neue gesellschaft-
liche Abschließung
im Generations-
wechsel

bereits besetzte Führungspositionen. In dieser Generation führten auch die zwischenberuflichen und innerbetrieblichen Wechsel nicht mehr zu einem sozialen Aufstieg.

Zunehmende Selbstrekrutierung

Zudem wuchs die Selbstrekrutierung in den siebziger und achtziger Jahren deutlich. Mitgliedern der SED und Nachkommen der bildungsbürgerlichen Oberschicht eröffneten sich ebenso relativ große Aufstiegschancen wie Angehörigen der „neuen Intelligenz", die auch zur wichtigsten Herkunftsgruppe der Partei- und Staatsfunktionäre wurde [J. HUININK/K. U. MEYER/H. TRAPPE, in: 108: 89–143]. Entgegen der Programmatik gesellschaftlicher Harmonie und dem Selbstverständnis als „Arbeiter- und Bauernstaat" wuchs die „Intelligenz" auch nach den offiziellen Statistiken in den siebziger und achtziger Jahren deutlich [132: F. THIEME, Sozialstruktur, 79]. So nahm der Anteil dieser Schicht an den Studierenden in der DDR von 1967 bis 1989 von 30 auf 78 Prozent zu [105: R. GEISSLER, Sozialstruktur, 265].

Gründe des Rückgangs sozialer Mobilität

Der deutliche Rückgang der sozialen Aufstiegsmobilität ist nicht nur auf den Bau der Berliner Mauer zurückzuführen, der die Nachfrage nach Fachkräften verringerte, sondern vor allem auf die umfassende Umwälzung, die in den Verwaltungen und Betrieben bis zu den frühen sechziger Jahren einen weit reichenden Austausch des Leitungspersonals herbeigeführt hatte. Zudem schränkten der Verlust der sozialistischen Utopie und der Abbruch des „Ökonomischen Systems des Sozialismus" in den späten sechziger Jahren den Bedarf an wissenschaftlich-technischen Experten ein, deren gesellschaftliches Prestige zugleich sank. Darüber hinaus nahm die SED-Führung Maßnahmen zur Förderung von Kindern benachteiligter gesellschaftlicher Schichten im Bildungswesen zurück. Gegenüber der sozialen Herkunft wurde der Stellenwert der individuellen Leistung seit den sechziger Jahren wieder aufgewertet. Nicht zuletzt verlor der soziale Aufstieg in Positionen, die ihre Inhaber mit kaum lösbaren Aufgaben konfrontierten, mit der Nivellierung der Einkommen und dem geringen Angebot an Konsumgütern an Attraktivität. Tendenziell nahm die soziale Ungleichheit mit dem Rückgang der gesellschaftlichen Aufstiegsmobilität in der DDR ebenso zu wie der Generationskonflikt [R. JESSEN, in: 31: 346–356; 130: H. SOLGA, Weg; 105: R. GEISSLER, Sozialstruktur, 242 f.].

Folgen der sozialen Verfestigung

Obgleich die Verfestigung sozialer Strukturen und die Abschließung der mittleren „Kader" die politische Stagnation im zweiten deutschen Staat zweifellos förderten, ist der Stellenwert dieser Prozesse als Ursachen des Zerfalls der SED-Diktatur in den späten achtziger Jahren in der neueren sozialhistorischen Forschung umstritten geblieben. Zweifellos trug die „*Immobilisierung* der realsozialistisch gewordenen

Gesellschaft" [126: W. ROSSADE, Gesellschaft, 42] aber maßgeblich zum Rückgang der Bindung an die offizielle Politik bei, die den Machthabern in der DDR in den achtziger Jahren ihre soziale Basis entzog.

3.4 Migrationsprozesse und räumliche Unterschiede

Schon bevor sich die politisch herbeigeführte Umwälzung auswirkte, hatten die Ankunft und Ansiedlung der Flüchtlinge und Vertriebenen die Sozialstruktur in der SBZ nachhaltig verändert. Nachdem bereits in den fünfziger Jahren in der Bundesrepublik Peter H. SERAPHIM erste Studien zu den Vertriebenen in der SBZ [186: Heimatvertriebene] und W. MEINICKE drei Jahrzehnte später in der DDR Befunde seiner Forschungsarbeit zu einem zuvor im zweiten deutschen Staat politisch weitgehend tabuisierten Themenfeld publiziert hatte [zusammengefasst in: 184; 185], haben vor allem M. SCHWARTZ [u. a. 191: Vertriebene; 190: Tabu; 189: Vertreibung], aber auch S. DONTH [177: Vertriebene] und – vergleichend – P. THER [192: Vertriebene] Untersuchungen zur Aufnahme, Eingemeindung und allmählichen Integration der „Umsiedler" in der SBZ und frühen DDR vorgelegt. Diese gesellschaftlichen Prozesse sind auch in mehreren Sammelbänden untersucht worden [180: D. HOFFMANN/M. SCHWARTZ, Integration; 181: D. HOFFMANN/ M. KRAUSS/M. SCHWARTZ, Vertriebene; 182: J. HOFFMANN/W. MEINICKE/ M. WILLE, Flüchtlinge; 183: C. KLESSMANN, Vertreibung; 194: M. WILLE, Flucht]. Jedoch fehlen weiterhin komparative Studien zu den anderen osteuropäischen Staaten und Analysen zu anderen Opfergruppen des Zweiten Weltkrieges [vgl. aber M. SCHWARTZ, in: 29: 165–189]. Auch die komparative Untersuchung der Flüchtlingsaufnahme in der Bundesrepublik und DDR ist insgesamt noch wenig entwickelt [dazu vor allem 180: D. HOFFMANN/M. SCHWARTZ, Integration; 181: D. HOFFMANN/M. KRAUSS/M. SCHWARTZ, Vertriebene; 188: S. SCHRAUT, Flüchtlingsfrage]. Nicht zuletzt wird die Forschung zum Umgang mit Flucht und Vertreibung in der DDR unterhalb des offiziellen Herrschaftsdiskurses zu intensivieren sein [Ansätze dazu in: 190: M. SCHWARTZ, Tabu].

Insgesamt hatten sich 1950 rund 4,5 Millionen Flüchtlinge und Vertriebene in der DDR niedergelassen [13: R. RYTLEWSKI, Zahlen, 27]. Hohe Anteile dieser Zwangsmigranten wurden bis 1949 besonders in den agrarisch strukturierten Ländern Mecklenburg und Brandenburg registriert, bevor in den fünfziger Jahren – ebenso wie in der Bundesrepublik – die Binnenmigration in die Städte einsetzte [292: W. ZANK, Wirtschaft, 150 f.]. Die Vertriebenen waren gegenüber der alteingesessenen Bevölkerung vielfach benachteiligt. Sie hatten ihr Eigentum bei

Flüchtlinge und Vertriebene

der Flucht weitgehend eingebüßt und unterlagen in den scharfen Vertei-
lungskämpfen der unmittelbaren Nachkriegszeit. Auch die Zuteilung
von Land bei der Bodenreform und die Vergabe von Inventar und zins-
günstigen Krediten nach dem „Gesetz über die weitere Verbesserung
der Lage der ehemaligen Umsiedler" („Umsiedlergesetz"), das die
Volkskammer am 8. September 1950 erließ, verbesserten die Ausstattung der Flüchtlinge und Vertriebenen nur geringfügig. Aus dem staatlichen Bodenfonds, in den das beschlagnahmte Land aufgenommen
worden war, erhielten insgesamt 91.155 „Umsiedler" Parzellen von jeweils lediglich 8,4 Hektar. Damit konnten höchstens etwa 360 000
Flüchtlinge und Vertriebene vorübergehend ernährt werden [W. MEINI-
CKE, in: 146: 139]. Besonders auf dem Lande waren Wohnungsämter
und Umsiedlerausschüsse nicht imstande, die Benachteiligung der
Neuankömmlinge gegen den Widerstand der einheimischen Mehrheits-
bevölkerung zu beseitigen. So verfügten die Flüchtlinge und Vertriebenen in der SBZ noch im August 1949 nur über einen Wohnraum von
jeweils durchschnittlich 5,2 m², während Alteingesessene auf 10,2 m²
leben konnten [184: W. MEINICKE, Heimat, 28]. Die „Umsiedler" mussten auch oft gering entlohnte Arbeiten annehmen, für die sie nicht ausgebildet waren. Vielerorts diskriminiert und nach dem Abschluss des
„Görlitzer Vertrages" vom 6. Juli 1950 zwischen den Regierungen der
DDR und Polens ihrer Hoffnung auf eine Rückkehr in die Heimat be-
raubt, musste diese Gruppe in den frühen fünfziger Jahren schließlich
sogar den Verlust ihrer Sonderrolle und der daraus abzuleitenden Ansprüche hinnehmen. Das SED-Regime behauptete, dass die soziale Integration der „ehemaligen Umsiedler" bzw. „Neubürger" abgeschlossen sei und setzte die Unterstützungsleistungen aus. Damit wurde der
gesellschaftliche Unterschichtungsprozess fortgeschrieben, den die
Ankunft der unerwünschten Zwangsmigranten vor allem in ländlichen
Gemeinden herbeigeführt hatte. Dagegen vollzog sich die soziale Integration der Flüchtlinge und Vertriebenen in den Städten mit ihren ano-
nymeren Sozialbeziehungen offenbar erheblich schneller und reibungs-
loser, obgleich auch zwischen urbanen Räumen deutliche Unterschiede
erkennbar sind. Wie die neuere Forschung gezeigt hat, trug zu der
gesellschaftlichen Eingliederung der wachsende Arbeitskräftebedarf in
der Industrie kräftig bei [P. HÜBNER, in: 183: 112–122].

„Republikflucht"   Nachdem die Flüchtlingszuwanderung in der SBZ trotz der Be-
völkerungsverluste, die der Zweite Weltkrieg verursacht hatte, ein de-
mographisches Wachstum herbeigeführt hatte, senkten die „Republikflucht" und die Abwanderung in die Bundesrepublik die Bevölkerungszahl der DDR von 1950 bis 1964 von rund 18,4 auf 17,0 Millionen

[13: R. RYTLEWSKI, Zahlen, 24]. Der Migrationsprozess, der von der SED-Führung als „Republikflucht" diffamiert und ausschließlich auf persönliche Ursachen oder „Abwerbung" zurückgeführt wurde, beraubte die DDR vor allem ihres qualifizierten Personals. Da der Zugang von Oberschichtenkindern zu höherer Bildung in den fünfziger Jahren eingeschränkt wurde, wanderten viele Akademiker ab, denen aus der Sicht der Machthaber eine „fortschrittliche Einstellung" fehlte. Aber auch Angehörige der „neuen Intelligenz" reagierten mit der Flucht auf Repression und politische Kontrolle. Ebenso löste Unzufriedenheit mit den Arbeits- und Lebensbedingungen in der DDR „Republikflucht" von Angehörigen dieser Schicht aus. So verzeichnete allein der Maschinenbau in der DDR von 1958 bis 1960 monatliche Verluste von etwa 25 bis 30 hochqualifizierten Beschäftigten. In den Betrieben nahmen der Abbau von Privilegien, die oft nicht qualifikationsgerechte Beschäftigung und die mangelhafte Arbeitsorganisation vielen Technikern und Ingenieuren ihren Berufsstolz [143: D. AUGUSTINE, Privilegierung, 175, 188]. Ebenso strebten Lehrer mit ihrer Flucht bzw. Abwanderung in die Bundesrepublik nicht nur bessere Lebensbedingungen an, sondern sie protestierten damit auch gegen die Bevormundung, Indoktrination und berufliche Perspektivlosigkeit in der DDR [153: J. S. HOHMANN, DDR-Lehrer, 316 f.].

Politische Konzessionen an einzelne Gruppen der „Intelligenz" wie die Ärzte 1958 – eine Bestandssicherung von Privatpraxen und die Genehmigung zur Teilnahme an Tagungen in der Bundesrepublik – und an die gesamte „Intelligenz" im November 1960 spiegelten die Ratlosigkeit der Machthaber wider. Hochqualifizierte Akademiker erpressten vereinzelt sogar Funktionäre, um ihr Gehalt aufzubessern oder dringend benötigte Produktionsmittel zu erhalten [P. MAJOR, in: 21: 231 f.]. Nicht zuletzt zog aber der höhere Verdienst, den sie in der Bundesrepublik erzielen konnten, Arbeiter und Angestellte in den Weststaat ab. Von 1954 bis zum ersten Halbjahr 1961 flohen nach Angaben des Bundesministeriums für Gesamtdeutsche Beziehungen 3 371 Ärzte, 1 329 Zahnärzte, 960 Apotheker, 679 Rechtsanwälte und Notare, 752 Hochschullehrer und 16 724 Lehrer sowie 17 082 Ingenieure und Techniker [175: V. ACKERMANN, Flüchtling, 129 f.].

In der DDR führte die „Republikflucht" 1960/61 in vielen qualifizierten Berufen zu einem akuten Personalmangel, der nur mit – oft schnell weitergebildeten – Ersatzkräften aufgefangen werden konnte. Die Flucht und Abwanderung in die Bundesrepublik steigerten im zweiten deutschen Staat deshalb die Aufstiegsmobilität erheblich. Die „Verordnung über die Aufenthaltsbeschränkung", welche am 24. August 1961 erlassen wurde und die Einweisung von „Asozialen" in Haftarbeitslager legalisierte, zeigte jedoch erneut, dass der berufliche und soziale Aufstieg in der DDR eng mit politischer Unterdrückung verbunden war [T. LINDENBERGER, in: 26: 208, 210].

Rückkehr und Zuzug   Die Zuwanderung in den zweiten deutschen Staat glich den Bevölkerungsverlust, der aus der „Republikflucht" resultierte, bei weitem nicht aus. Von 1949 bis 1961 registrierten die Behörden der DDR lediglich rund 600 000 West-Ost-Migranten [187: A. SCHMELZ, Migration, 70, 316]. Davon waren etwa zwei Drittel zuvor aus der DDR in die Bundesrepublik gekommen („Rückkehrer"); nur ein Drittel waren Bundesbürger („Zuziehende"). Viele dieser Migranten waren über ihre Lebenslage in der Bundesrepublik enttäuscht. Außer Arbeitslosigkeit, wirtschaftlicher Benachteiligung und sozialer Isolierung verursachten familiäre oder persönlich-private Motive die Wanderung in die DDR. An dem Wanderungsprozess waren vor allem Männer (zwei Drittel der Gruppe), darunter vor allem Arbeiter und Künstler im Alter von 15 bis 25 Jahren beteiligt; demgegenüber waren die Anteile der „Intelligenz", der Frauen und der älteren Generation deutlich geringer [187: A. SCHMELZ, Migration, 45, 48, 57–70, 316].

Die West-Ost-Migration steigerte in der DDR nicht nur die Bevölkerungszahl, sondern veränderte hier auch die gesellschaftlichen Strukturen und Beziehungen. Die „Rückkehrer" und „Zuziehenden" lösten Ängste und Neid aus, so dass sie im Wohn- und Arbeitsbereich benachteiligt wurden. Gleichermaßen der Nähe zum westlichen „Klassenfeind" und der „Kollaboration" mit dem SED-Regime verdächtigt, blieben viele Rückkehrer und Zuziehende im zweiten deutschen Staat Außenseiter. Deshalb zog nahezu die Hälfte von ihnen erneut in die Bundesrepublik [187: A. SCHMELZ, 173, 213, 312–316, 321 f.].

Ausländische Arbeitskräfte und Unterschichtung   Eine gesellschaftliche Unterschichtung führte auch die Anwerbung ausländischer Arbeitskräfte herbei, die vor allem von R. RÖHR [166: Beschäftigung] und A. SCHÜLE [171: Internationalismus] untersucht worden ist. Polnische Arbeitskräfte, die nach einem Regierungsabkommen vom 25. Mai 1971 in die DDR kamen, wurden in den Betrieben überwiegend im Schichtsystem eingesetzt. Rund ein Drittel dieser Beschäftigten waren Frauen. Grenzpendler arbeiteten vorwiegend in den Bezirken Cottbus, Frankfurt/Oder und Dresden. Sie wurden gezielt in einzelne Branchen und Betriebe gelenkt, wo sie unbefristete Arbeitsverträge erhielten [166: R. RÖHR, Beschäftigung, 229–234]. Auf noch stärkere Vorbehalte trafen in der DDR die Zugewanderten aus Nord-Vietnam und Mosambik, die 1989 rund 82 Prozent der insgesamt 90 600 im zweiten deutschen Staat beschäftigten Vertragsarbeitskräfte

stellten [errechnet nach: 171: A. SCHÜLE, Internationalismus, 192].
Ebenso wie die Arbeiter aus Kuba, Angola, China und Nordkorea sowie die Flüchtlinge aus Chile wurden sie vielerorts mit den oft kolo-
nialistischen Ressentiments der Alteingesessenen konfrontiert, die
damit das offizielle Erziehungsziel der „Völkerfreundschaft" ebenso
konterkarierten wie die unablässig propagierte Politik der „internationalen Solidarität" [176: J. C. BEHRENDS/T. LINDENBERGER/P. G. POUTRUS,
Fremde]. Zu der Isolierung dieser Gruppe trugen aber auch die strikte
Arbeitskräftelenkung, die Unterbringung in abgetrennten Wohnberei-
chen und das Nachzugsverbot für Familienangehörige bei [171: A.
SCHÜLE, Internationalismus, 201–209]. Besonders ungelernte und gering entlohnte deutsche Arbeitskräfte grenzten sich von den ausländi-
schen Vertragsarbeitern ab. Die Zuwanderung hatte damit in der staatssozialistischen Gesellschaft neue ethnische Differenzen und Distinktionen herbeigeführt.

In der DDR veränderte aber auch die Binnenwanderung soziale
Strukturen und Beziehungen. In neueren Studien zur Bevölkerungsver-
teilung und zur staatlichen Strukturpolitik, die vor allem S. GRUNDMANN
und J. ROESLER vorgelegt haben, ist nachgewiesen worden, dass in der
ostdeutschen Gesellschaft räumliche und regionale Unterschiede eine
besonders starke Beharrungskraft aufwiesen [286: J. ROESLER, Auswirkungen; 178: S. GRUNDMANN, Sozialstruktur; DERS., in: 117: 159–201].
Diese Disparitäten konnten in der Nachkriegszeit wegen der allgemeinen Not, des wirtschaftlichen Mangels und der hohen Wanderungs-
mobilität nicht beseitigt werden. Mit der Auflösung der Länder und
Provinzen und der Bildung der Bezirke, deren Einrichtung am 23. Juli
1952 nach intensiver, aber verdeckter Vorbereitung von der Volkskammer beschlossen wurde, setzte das SED-Regime vielmehr selber neue
Grenzen, die gewachsene regionale Beziehungen unterbrachen. Zugleich wurde eine „Territorialplanung" in Angriff genommen, die allgemein auf die Angleichung regionaler Entwicklungsniveaus, die
Überwindung des Stadt-Land-Gegensatzes und die Beseitigung des
Süd-Nord-Gefälles in der DDR zielte.

Insgesamt vollzog sich im zweiten deutschen Staat eine beträchtliche Urbanisierung. So sank der Anteil der Bevölkerung, die in Gemeinden mit unter 2 000 Einwohnern lebte, von 1955 bis 1980 von 28,4
auf 23,7 Prozent. Demgegenüber nahm der Bevölkerungsanteil der
großen Städte (mit jeweils über 100 000 Einwohnern) in diesem Zeitraum von 20,7 auf 25,9 Prozent zu [13: R. RYTLEWSKI, Zahlen, 47]. Obgleich im Allgemeinen auch die Industrialisierung ländlicher Regionen
vorankam, konnte die zentrale politische Steuerung der wirtschaftli-

Intra- und interregio-
nale Migration

Urbanisierung

chen Prozesse regionale Disparitäten nicht beseitigen. Vor allem die
agrarisch strukturierten Nordbezirke blieben deutlich zurück. Wegen
der schwach entwickelten Infrastruktur waren in den nördlichen Regionen die Aufwendungen für die Ansiedlung von Industriebetrieben erheblich höher als im besser ausgestatteten Süden der DDR. Hier standen auch mehr qualifizierte Arbeitskräfte zur Verfügung, um schnell
industrielle Kapazitäten aufzubauen. Daher konnte der Anteil der In-
dustriebeschäftigten an der Erwerbsbevölkerung bis 1965 nur in Brandenburg (Bezirke Potsdam, Frankfurt/Oder und Cottbus) geringfügig
gesteigert werden, wo vor allem an der Oder bedeutende Industriebetriebe wie das Halbleiterwerk in Frankfurt (Oder) angesiedelt wurden
[277: A. GAYKO, Standortpolitik]. Mit dem Industriepotenzial waren in
den brandenburgischen Bezirken auch die Bevölkerung und der Anteil
am Einzelhandelsumsatz der DDR gewachsen. Wichtige ökonomische
und demographische Indikatoren belegen, dass sich Brandenburg, wo
neue Industriebetriebe wie das Obertrikotagenwerk Wittstock Arbeitskräfte vom Land abzogen [L. ANSORG, in: 210: 78–99], auch von 1966
bis 1988 schneller entwickelte als Mecklenburg-Vorpommern. Hier
blieb das Industrialisierungsniveau deutlich hinter den südlichen Bezirken der DDR zurück. Überdies wurde im Nordosten der DDR in den
siebziger und achtziger Jahren ein hoher Migrationsverlust verzeichnet.

Räumliche Disparitäten   Noch wichtiger als interregionale Unterschiede waren intraregio-
nale Wanderungen. Wie die westdeutsche DDR-Forschung schon in den
achtziger Jahren festgestellt hatte, vollzogen sich Wanderungen seit den
sechziger Jahren vorwiegend innerhalb der Bezirke [102: K. BELWE,
Sozialstruktur, 131 f.]. Den Wohnungsneubau, auf den die Ressourcen
auf Kosten der Altbautensanierung konzentriert wurden, trieb die
Machtelite seit den fünfziger Jahren besonders an den Stadträndern
voran, während die urbanen Zentren zunehmend verfielen. Mit der Ent-
völkerung der Innenstädte vollzog sich eine weit reichende räumliche
und soziale Segregation, die besonders die Bezirks- und Kreisstädte begünstigte. Demgegenüber verzeichneten die Kleinstädte und Dörfer
eine Bevölkerungsabnahme. Insgesamt konnte auch die zentrale „Terri-
torialpolitik" das Süd-Nord-Gefälle in der DDR nur geringfügig verringern. So war die Bevölkerungsdichte in den südlichen Bezirken noch in
den achtziger Jahren dreimal so hoch wie in den Nordbezirken Rostock,
Schwerin und Neubrandenburg [107: G.-J. GLAESSNER, Ende, 9].

Ungleiche Lebens-bedingungen   Allgemein spiegelten die Bevölkerungsverschiebungen die ungleichen Lebensbedingungen in den einzelnen Regionen der DDR wi-
der. In den südlichen Bezirken beeinträchtigten besonders die hohe
Umweltbelastung, die industriewirtschaftliche Monostruktur und der

Verfall von Wohnraum die Zufriedenheit mit den Lebensbedingungen
in den Großstädten. Demgegenüber verursachten in den Dörfern und
Kleinstädten vor allem die mangelhafte Verkehrsanbindung und das
unzureichende Angebot an Dienstleistungen den deutlichen Bevölkerungsverlust. So waren die ländlichen Gemeinden relativ schwach mit
Ärzten ausgestattet und auch der Warenumsatz je Einwohner blieb hier
noch in den achtziger Jahren gering. Die Einwohner dieser Dörfer und
Kleinstädte wanderten vorwiegend in die umliegenden Bezirks- und
Kreisstädte ab, deren Image nach den Befunden einer 1987 in der DDR
durchgeführten soziologischen Untersuchung erheblich besser war
[178: S. GRUNDMANN, Sozialstruktur, 406 f.]. Insgesamt konnte gesellschaftliche Ungleichheit, die aus unterschiedlichen Lebensbedingungen in verschiedenen Wohnorten resultierte, in der DDR keineswegs
beseitigt werden. Vielmehr erwiesen sich räumliche Disparitäten im
zweiten deutschen Staat als zählebig, so dass sich auch im Hinblick auf
die Siedlungsstruktur keine soziale Egalität herausbildete [102: K.
BELWE, Sozialstruktur, 138–140].

4. Die Diktatur vor Ort: Soziale Milieus, gesellschaftliche Beziehungen und Verhalten zwischen Umbruch und Traditionsbindung

4.1 Milieus

Die Auswirkungen der zentralistischen Herrschaft in der SED-Diktatur
auf lokale Lebenswelten sind bislang nicht umfassend untersucht worden. Einzelne sozialgeschichtliche Arbeiten haben aber die Fortdauer
und den Wandel von Milieus und Mentalitäten in der DDR nachgezeichnet und erklärt. Dabei ist oft konzeptionell auf die von M. R.
LEPSIUS vorlegte Definition „sozialmoralischer Milieus" zurückgegriffen worden. Diese bezeichnen „soziale Einheiten, die durch eine Koinzidenz mehrerer Strukturdimensionen wie Religion, regionale Tradition, wirtschaftliche Lage, kulturelle Orientierung, schichtspezifische Zusammensetzung der intermediären Gruppen gebildet werden"
[140: Parteiensystem, 68]. Milieus prägen deshalb alltägliches Handeln
so nachhaltig, dass sie die Zugehörigkeit zu gesellschaftlichen Schichten und Berufsgruppen überlagern und relativieren können [142: M.
VESTER, Milieuwandel, 11]. Als Mentalitäten gelten „Sinnstrukturen
der kollektiven Wirklichkeitsdeutung" [129: V. SELLIN, Mentalität,

*„Milieus" und
„Mentalitäten"*

589]. Sie vermitteln dem Verhalten damit einen spezifischen Sinn. Mentalitäten filtern äußere Verhaltenseinflüsse im Hinblick auf konkretes Handeln.

Milieubeharrung und Milieuwandel auf dem Lande

In der Historiographie zur DDR ist seit den frühen neunziger Jahren besonders deutlich herausgearbeitet worden, dass die SED-Führung – im Gegensatz zu den nationalsozialistischen Machthabern – eine „aktive Anti-Milieupolitik" [164: H. Matthiesen, Greifswald, 689] betrieb. Jedoch konnten auch die Kontinuität überlieferter Mentalitäten und die Beharrungskraft von Traditionsmilieus über den Umbruch von 1945 hinweg nachgewiesen werden. So hat die neuere Forschung zur Aufnahme und Integration der Flüchtlinge und Vertriebenen in der SBZ gezeigt, dass in ländlichen Gemeinden noch festgefügte Beziehungsnetze die „Umsiedler" vielerorts ausschlossen. Ihre Mittellosigkeit, aber auch ihre Bräuche, Lebensformen, Normen und Werte trennten sie lange von der alteingesessenen Bevölkerung. Ebenso wie in Westdeutschland verschärften sich die Spannungen und Konflikte zwischen den beiden Bevölkerungsgruppen, als in den späten vierziger Jahren deutlich wurde, dass eine – zunächst noch vorausgesetzte – Rückkehr der Flüchtlinge und Vertriebenen in ihre Heimat ausgeschlossen war. Vor allem Studien zur ländlichen Gesellschaft in der SBZ haben gezeigt, dass sich in der Notgesellschaft der frühen Nachkriegszeit Konflikte über knappe Mittel entwickelten, welche die wechselseitige Entfremdung zwischen den Alteingesessenen und den „Umsiedlern" verstärkten. Sogar Flüchtlinge, die enteignetes Gutsland erhalten hatten, blieben in vielen Dörfern isoliert, da diese Neubauern weitaus schlechter mit Gebäuden, Maschinen und Geräten ausgestattet waren als die alteingesessenen Landwirte [A. Bauerkämper, in: 19: 108–136]. Auf dem Lande brachte offenbar erst die Kollektivierungspolitik, die dem bäuerlichen Eigentum als Grundlage der Vererbung nach der Hoftradition seine gesellschaftliche Differenzierungswirkung nahm, die soziale Integration der Flüchtlinge und Vertriebenen entscheidend voran.

Politik der Flüchtlingsintegration

Auch in der Industrie beschleunigte vor allem die Transformationspolitik die Integration der „Umsiedler" in die Nachkriegsgesellschaft. Dagegen blieb die Wirkung der staatlichen Flüchtlingspolitik, die mit dem „Umsiedlergesetz" ihren Höhepunkt erreichte, insgesamt eng begrenzt [185: W. Meinicke/A. von Plato, Heimat, 76, 248–250, 262]. 1952/53 liefen in der DDR schließlich alle Gesetze aus, die den Flüchtlingen und Vertriebenen Vergünstigungen eingeräumt hatten. Deshalb verstärkte sich die Abwanderung in die Bundesrepublik, wo 1952 das Gesetz zum Lastenausgleich verabschiedet wurde [189: M. Schwartz, Vertreibung].

Aber auch in kleinräumigen städtischen Lebensgemeinschaften veränderten sich Mentalitäten nur langsam. So hat S. HÄDER in ihrer Studie zum Berliner Scheunenviertel, einem lange von Arbeitern und Juden bewohnten Stadtteil, gezeigt, dass die Schulpolitik des SED-Regimes hier auf überlieferte bildungsbürgerliche Werte traf [232: Schülerkindheit, bes. 335–337]. Die Neulehrer, die nach Schnellkursen in den Schulen unterrichteten, wurden von den Eltern deshalb zunächst mit beträchtlichem Misstrauen betrachtet. Jedoch sind die Auswirkungen der SED-Bildungspolitik auf die Werte, Mentalitäten und Verhaltensformen noch genauer zu erforschen. Neuere Studien zu einzelnen Städten haben jedoch belegt, dass dort bürgerliche Vereine bis zu den frühen fünfziger Jahren ihre traditionellen Verkehrskreise und Vergesellschaftungsformen bewahrten. Die Orientierung an Ruhe und Ordnung gehörte ebenso zu dieser Lebenswelt wie die Kritik an der gesellschaftlichen „Vermassung", das Bekenntnis zu unpolitischem Denken, der Rückbezug auf das „christliche Abendland" und der Antibolschewismus [152: T. GROSSBÖLTING, SED-Diktatur, 215–219, 245–249]. Insgesamt behauptete ein stadtbürgerliches Milieu, das auf den Strukturen eines „konservativen Milieuverbandes" [164: H. MATTHIESEN, Greifswald, 693] basierte, zumindest in einzelnen Städten der DDR bis zu den frühen fünfziger Jahren seine beträchtliche Integrationskraft. Außer den bildungsbürgerlichen Honoratioren wurde dieser Lebenszusammenhang von den verbliebenen privaten Gewerbetreibenden getragen, denen das „bürgerliche Ethos der Selbstständigkeit" [165: A. OWZAR, Bündnispolitik, 451] offenbar weiterhin ein erhebliches gesellschaftliches Ansehen verlieh. Da den bürgerlichen Vereinen aber eine attraktive und verbindliche Vision ihrer zukünftigen politischen Arbeit und gesellschaftlichen Aktivität fehlte, konnte die SED-Führung in den fünfziger Jahren auch in Städten wie Greifswald, Magdeburg und Halle ihren Herrschaftsanspruch durchsetzen [164: H. MATTHIESEN, Greiswald].

Bürgerliche Restmilieus in Städten

Vor allem H. MATTHIESEN hat gezeigt, dass Religion und Kirche den Kern bürgerlich-konservativer Sozialmoral bildeten [164: Greifswald, 681, 683, 685, 687]. Die „Entbürgerlichung" [82: G. A. RITTER, DDR, 186] wurde in der DDR deshalb besonders durch die politischen Eingriffe in die Arbeit der evangelischen Kirche herbeigeführt, die von der zeithistorischen Forschung weitaus intensiver als der Katholizismus erforscht worden ist. Jedoch hat sich die Aufmerksamkeit bislang vor allem auf die Politik des SED-Regimes und das Verhältnis zwischen politischer Reglementierung und kirchlicher Unabhängigkeit konzentriert [244: G. KAISER/E. FRIE, Christen]. Demgegenüber sind

Forschung zur Kirchenpolitik

die Kenntnisse über die Arbeit der Gemeinden und das Verhalten ihrer Mitglieder noch völlig unzureichend [53: M. GRESCHAT, Macht, 73f].

Repression der Kirchen in den fünfziger Jahren

Die Unterdrückung der „Jungen Gemeinden" als Träger der kirchlichen Jugendarbeit 1952/53 und die Durchsetzung der Jugendweihe ab 1954/55 sollten den Kirchen ihren Nachwuchs entziehen [dazu 27: G. HEYDEMANN, Innenpolitik, 100 f.]. Mit theologischen und verfassungsrechtlichen Argumentationen versuchten besonders kirchliche Amtsträger in den einzelnen Gemeinden, verfolgte und diskriminierte Christen zu schützen. Jedoch brach das Regime schließlich den Widerstand gegen die Jugendweihe. Der Anteil der Jugendlichen, die konfirmiert wurden, ging von 1955 bis 1960 von 80,3 auf 34,6 Prozent zurück [H. DÄHN, in: 220: 45]. Auch die Bemühungen von Kirchenvertretern, der Jugendweihe ihre atheistische Stoßrichtung zu nehmen, scheiterten. Zudem verloren die Kirchen durch staatliche Gerichte 1956 den Rechtsanspruch auf die Einziehung von Kirchensteuern. Zwei Jahre später wurde der Religionsunterricht in den Schulen untersagt. Die SED-Politik der „Differenzierung" und Unterwanderung band in den fünfziger Jahren Kirchenleitungen und viele Pfarrer an das Regime [242: M. G. GOERNER, Kirche].

„Kirche im Sozialismus"

Die kirchenhistorische Forschung zur DDR hat daneben aber auch die politische Wiederaufwertung der Kirche in den siebziger und achtziger Jahren belegt. Eine „kontrollierte Konkurrenz" [241: R. F. GOECKEL, Kirche, 331] sollte im zweiten deutschen Staat vor allem die wachsende Unzufriedenheit kanalisieren. Diese Ventilfunktion entspannte zwar die Beziehungen zwischen Staat und evangelischer Kirche, so dass Christen ihren Glauben freier ausüben konnten. Obgleich die Kirchen in der DDR damit zu „minoritären Volkskirchen" wurden [C. LEPP, in: 246: 70], blieb das Konzept von der „Kirche im Sozialismus" das Leitbild der offiziellen Politik. Überdies schreckte die SED-Führung auch nach dem richtungweisenden Gespräch zwischen dem Vorstand des Kirchenbundes unter Bischof Albrecht Schönherr und Parteichef Honecker am 6. März 1978 nicht vor Übergriffen gegen kirchliche Umwelt- und Friedensgruppen zurück, in denen sich in den achtziger Jahren die anschwellende Protestbewegung in der DDR formierte [dazu 27: G. HEYDEMANN, Innenpolitik, 102 f.].

Beharrungskraft protestantischer Traditionsmilieus

Die politische Opposition, die 1988/89 maßgeblich zum Zerfall des SED-Regimes beitrug, konnte sich auf ein protestantisches Milieu stützen, das in den fünfziger und sechziger Jahren zwar beträchtlich geschrumpft war, seine Bindekraft aber nicht zuletzt wegen des hohen politischen Außendrucks keineswegs völlig eingebüßt hatte. Vielmehr hat besonders C. KLESSMANN gezeigt, dass in der DDR ein hoher Anteil von evangelischen Pastoren aus Pfarrhäusern stammte, zumal die Entnazifizierung innerhalb der Kirchen in der SBZ weitgehend den Kirchenleitungen selber überlassen war. Der Austausch kirchlicher Amtsträger blieb deshalb eng begrenzt. Außer der hohen Selbstrekru-tierungsquote und personellen Stabilität verbürgten kircheninterne Ausbildungsgänge Kontinuität. Demgegenüber wurden Christen in den staatlichen Ausbildungsinstitutionen seit den fünfziger Jahren erheb-lich benachteiligt. Die abnehmende Hoffnung auf eine Wiedervereini-gung der beiden deutschen Staaten, die bis 1969 nicht zuletzt in der EKD verbunden waren, förderte zwar Arrangements zwischen Kir-chenleitungen und Pastoren einerseits und Staats- und Parteifunktionä-ren andererseits; jedoch verfügten evangelische Pfarrhäuser vor allem auf dem Lande über eine beträchtliche Integrationskraft. Hier blieben sie vielerorts Mittelpunkte des dörflichen Lebens, die sich der poli-tischen Einflussnahme zumindest teilweise entziehen konnten. Die Tradition der „Betreuungskirche" festigte zusammen mit dem bil-dungsbürgerlich-protestantischen Habitus der Pastoren und der kulti-viert-christlichen Lebensführung in den Pfarrhäusern ein kirchliches Submilieu, dem auch die Fortsetzung der diakonischen Arbeit und pro-testantische Traditionsschulen Stabilität verliehen. Nicht nur auf dem Lande, sondern auch in Stadtvierteln konnte sich mit den Kirchen-gemeinden trotz der Überwachung durch die Staatssicherheit eine „sehr heterogene oppositionelle Alternativkultur" herausbilden [245: C. KLESSMANN, Sozialgeschichte, 52]. So fanden sich in den siebziger Jah-ren in Neubaugebieten wie Halle-Neustadt Christen in Hauskreisen zu-sammen, die Gottesdienste veranstalteten. Auch wurden hier Nachbar-schaftskreise organisiert, um neue Gemeindemitglieder zu gewinnen [S. Le GRAND, in: 246: 232–235, 249 f.].

Mit dem Zusammenschluss von Christen wuchs in den achtziger Jahren jedoch der Gegensatz zu den Kirchenleitungen, die Konflikte mit Parteidienststellen und staatlichen Behörden zu vermeiden und den wachsenden Protest zu entschärfen suchten. Die Kirchenvertreter trennten sich zwar nicht von den Protestgruppen, scheuten aber vor einer offenen Kritik an der Staats- und Parteiführung zurück. Vor allem G. BESIER hat deshalb die Meinung vertreten, dass die evangelische Kir-che in der DDR trotz des gewährten Schutzes für die alternativen Grup-pen den politischen Umbruch auch in den späten achtziger Jahren nicht vorantrieb [239: SED-Staat]. Demgegenüber haben andere Historiker wie D. POLLACK und K. NOWAK auf die Zwänge abgehoben, die den Handlungsspielraum der Kirchenleitungen begrenzten [247: D. POL-LACK, Kirche; vgl. die Übersicht in: 54: 68, 72; 240: H. DÄHN, Kirche;

Kirchenleitun-gen und Protest-bewegung

H. SCHULTZE, in: 246: 288–291]. Insgesamt hat die Kirche zwar im Prozess des friedlichen Umbruchs vermittelt, ihn aber nicht gezielt und bewusst vorangetrieben. Deshalb ist die Interpretation des Diktaturzerfalls als „protestantische Revolution" [248: G. REIN, Revolution] von der neueren Forschung überwiegend zurückgewiesen worden [vgl. z. B. 246: C. LEPP/K. NOWAK, Kirche, 90; 27: G. HEYDEMANN, Innenpolitik, 103]. Aber auch die von H. MATTHIESEN besonders prononciert vertretene Deutung einer nahezu bruchlosen Kontinuität konservativer Einstellungen und religiöser Werte in den Kirchen muss noch in weiteren Lokal- und Regionalstudien bestätigt werden [164: Greifswald, 681, 685, 687].

Katholische Kirche   Weniger umstritten ist in der historischen Forschung die Rolle der katholischen Kirche, der in der DDR aber nur eine kleine Minderheit der Bevölkerung angehörte. Auch diese Institution bewahrte bis zu den fünfziger Jahren weitgehend ihre Geschlossenheit gegenüber der politischen Führung. Wie W. TISCHNER gezeigt hat, stärkten besonders die Caritas, die Gefängnisseelsorge, die Bahnhofsmission, die Gründung eines eigenen Verlages und die Veröffentlichung einer Zeitung, des „Petrusblattes", in der Nachkriegszeit die Homogenität des katholischen Milieus, zu der auch die Unterstützung der Ost-CDU beitrug [250: Kirche]. Jedoch verzichtete die katholische Kirche nach einer Vereinbarung, die der neue Berliner Bischof Alfred Bengsch 1961 mit Ministerpräsident Willi Stoph traf, auf politische Stellungnahmen, um die Einheit des Bistums Berlins zu sichern. Damit konnten allerdings Forderungen katholischer Pfarrer nach einer kritischen Auseinandersetzung mit den gesellschaftlichen Verhältnissen in der DDR ebenso wenig unterbunden werden wie protestierende Hirtenbriefe der Bischöfe zu den Abtreibungsgesetzen (1972), zum Bildungssystem (1974) und zur Jugendweihe (1981). Auch dem katholischen Milieu, das besonders im Eichsfeld eine beträchtliche Integrationskraft bewahrte, verliehen gerade die Benachteiligung der Christen und deren politische Unterdrückung seine spezifische Stabilität [249: B. SCHÄFER, Staat].

Arbeitermilieus   Ebenso waren in Arbeitermilieus Wandel und Beharrung unauflösbar miteinander verschränkt. Trotz der Anbindung der Arbeiterbewegung an die Staatspolitik blieben Milieukontexte für die Lebensführung und die Wertewelt von Arbeitern wichtig. So hat eine 1991 veröffentlichte Studie noch starke Arbeitermilieus festgestellt, die in den neuen Bundesländern insgesamt 22 Prozent der Bevölkerung umfasst hätten [142: M. VESTER, Milieuwandel]. Als Kern habe der verzögerte Wandel der DDR von der Industrie- zur Dienstleistungsgesellschaft vor allem ein „traditionsverwurzeltes Milieu" aus Facharbeitern konserviert. Durch die Enteignung von Unternehmern und die Flucht vieler Facharbeiter sei der Aufstieg der jungen, z.T. schon in der FDJ erzogenen Generation in mittlere und höhere Führungspositionen begünstigt worden. Diese „Arbeiteraristokratie" [Ebd., 29], in die seit den sechziger Jahren auch Frauen aufgenommen wurden, habe die nachfolgende Generation bis zum Ende der DDR blockiert. Daneben seien – so hat M. VESTER, argumentiert – ein „traditionsloses Arbeitermilieu", das der Aufbau neuer Industriezweige und Betriebe in der DDR herbeigeführt habe, und ein „hedonistisches Arbeitermilieu" entstanden [Ebd., 15–17].

4.2 Verhalten in der Diktatur

Die SED-Diktatur griff tief in das Alltagsleben großer Bevölkerungs- **Politische** gruppen ein. Die Machthaber zielten nicht nur auf die Herausbildung **Mobilisierung** einer neuen Gesellschaftsstruktur, die dem politisch-ideologischen Leitbild des „Arbeiter- und Bauernstaates" entsprach, sondern auch auf die Steuerung des individuellen Verhaltens. Funktionäre der Parteileitungen, staatlicher Behörden und Massenorganisationen riefen nahezu permanent zu Kampagnen wie „Wettbewerben" und „Selbstverpflichtungen" und zu politischen Kundgebungen auf, mit denen die Bevölkerung an die staatssozialistische Diktatur gebunden werden sollte. Die Teilnahme an diesen sorgfältig inszenierten öffentlichen Veranstaltungen galt als Ausweis der politischen Loyalität und der Bereitschaft zur Beteiligung am Aufbau einer neuen wirtschaftlichen und gesellschaftlichen Ordnung. Das SED-Regime war eine Mobilisierungsdiktatur, die einem Kraken gleich nahezu alle Lebenswelten erfasste [M. FULBROOK, in: 40: 290–298; ähnlich schon 23: DIES., Anatomy, 127; 74: 41]. Insgesamt bezog die SED-Führung die Bevölkerung umfassend in ihre Herrschaftspraxis ein, auch durch Aushandlungsprozesse mit den jeweiligen Partei- und Staatsfunktionären.

In kleinen Lebenswelten wie lokalen und betrieblichen Milieus **Soziale** bildeten sich vielerorts sogar Allianzen [„Kollusionen", nach 23: M. **Arrangements** FULBROOK, Anatomy, 57] und vielfältige informelle Arrangements zwischen Herrschaftsträgern und Beherrschten heraus, welche die Eingriffe der Machthaber begrenzten, zugleich aber an die spezifischen Bedingungen des jeweiligen Sozialgefüges anpassten [T. LINDENBERGER, in: 112: 30 f.]. Damit konnten große Bevölkerungsgruppen zur Beteiligung, zumindest aber zur Duldung der Diktatur veranlasst werden [309: E. NEUBERT, Geschichte, 17, 25]. Die DDR ist von C. S.

MAIER daher pointiert als „korrumpierender ‚Ansteckungsstaat'" bezeichnet worden [115: Geschichtswissenschaft, 622]. Die Gewöhnung
an das alltägliche Leben in der staatssozialistischen Gesellschaft vermag die Schwäche der politischen Opposition ebenso zu erklären wie
den abrupten Zerfall der SED-Diktatur, als sich 1989 ein Bezugs-
rahmen abweichenden Verhaltens herausbildete [40: J. OSMOND, State,
58, 149].

Konformität und   Während die Konformität in der DDR insgesamt ausgeprägt war,
abweichendes   blieb aktives Engagement für das SED-Regime durchweg auf eine
Verhalten   Minderheit beschränkt. Vielmehr herrschte Gleichgültigkeit vor. Auch
diese weit verbreitete Apathie und Indifferenz verursachten – wie M.
ALLINSON betont hat – sowohl die relative Stabilität als auch den abrupten Zusammenbruch des SED-Regimes [251: Politics, 162–167; vgl.
auch 40: J. OSMOND, State, 4 f., 270 f.]. Die von H. NIEMANN kommen-
tierten geheimen Berichte des Instituts für Meinungsforschung an das
Politbüro der SED zeigen darüber hinaus, dass der „Antifaschismus"
und die Abgrenzung von der Bundesrepublik Deutschland dem neuen
Herrschafts- und Gesellschaftssystem in der DDR bis zu den fünfziger
Jahren eine beträchtliche Unterstützung sicherten. Von 1964 bis 1976
erreichte das SED-Regime offenbar den Höhepunkt seiner gesellschaftlichen Anerkennung. Allerdings hat sich die Interpretation, dass vor
allem in dieser Phase im zweiten deutschen Staat sogar „Keime einer
Zivilgesellschaft" [264: Zaun, 91] entstanden seien, nicht durchgesetzt.
Zudem zeigen die Stimmungsberichte deutlich die Unzufriedenheit
über die geringe wirtschaftliche Leistungsfähigkeit und den gegenüber
der Bundesrepublik zurückbleibenden Lebensstandard. Die Befragten
kritisierten auch die nur schwach ausgeprägte Verantwortungsbereit-
schaft in den Betrieben und die eingeschränkte Gleichberechtigung der
Frauen, die gleichwohl ihre durch Erwerbsarbeit gewährleistete ökonomische Unabhängigkeit schätzten [Ebd., 72–74, 79, 85–87].

„Eingaben"   Die Unzufriedenheit sollte durch „Eingaben" kanalisiert werden,
die fast ausschließlich an staatliche Verwaltungsbehörden und Medien
gerichtet wurden. Diese Petitionen boten Gelegenheit zur Kontrolle
und Korrektur von Missständen. Sie zeigen das Ausmaß an Konsens
und Distanz zwischen der Bevölkerung und den Machthabern. Als
Seismographen der Stimmung haben Eingaben deshalb in der Sozialgeschichtsschreibung zur DDR beträchtliches Interesse gefunden [vgl.
vor allem F. MÜHLBERG, in: 252, und – mit anderer Interpretation – 271:
J. ZATLIN, Ausgaben]. Nachdem die Eingabepraxis im Februar 1953
erstmals gesetzlich geregelt worden war, wuchs die Zahl der Petitionen
bis zu den späten fünfziger Jahren auf ein Niveau, das nach einem deut-

lichen Rückgang von 1964 bis 1974 erst in den letzten Jahren vor dem Ende der DDR wieder erreicht wurde. Die Eingaben konzentrierten sich auf Probleme des Handels und der Versorgung, den Wohnraummangel und die Einschränkungen im innerdeutschen Reiseverkehr. Viele Verfasser von Petitionen forderten offen eine Belohnung für erbrachte Leistungen oder erwiesene politische Loyalität ein und drohten, den Machthabern andernfalls ihre Unterstützung oder Duldung zu entziehen. Zugleich sollten mit dem Eingabesystem letztlich die Bevölkerung überwacht, Unruhe erstickt oder Protest kanalisiert und die wirtschaftliche Leistungsfähigkeit erhöht werden. Während J. ZATLIN deshalb die „Mischung aus direktdemokratischer Rhetorik und autoritärer Praxis" [271: Ausgaben, 902] als Kennzeichen der Eingabepraxis in der DDR hervorgehoben hat, ist sie von F. MÜHLBERG sogar als „Instrument der Mitbestimmung" [in: 252: 233–270] interpretiert worden.

Die Machthaber nutzten auch überlieferte Werte und Mentalitäten, um die staatssozialistische Diktatur gesellschaftlich zu verankern und damit politisch zu stabilisieren. So ging die Ablehnung von Liberalismus, Demokratie und Pluralismus in der DDR vielfach mit obrigkeitsstaatlichem Denken, mangelnder Zivilcourage und gering entwickelter Kritikfähigkeit einher. Diese politisch-kulturelle Grundlage des „deutschen Sonderweges" wurde verlängert, wenngleich die Entmachtung traditioneller gesellschaftlicher Führungsschichten wie der Gutsbesitzer und Großunternehmer einen bedeutenden sozialstrukturellen Umbruch herbeiführten. Das Verhältnis von Kontinuität und Neuanfang ist in der Forschung jedoch umstritten. Während B. FAULENBACH [73: Zäsuren], J. KOCKA [80: Sonderweg, 40 f., 45], G. A. RITTER [81: Deutschland, 141 f.] und S. WOLLE [85: DDR, 406, 410] die Fortschreibung der belastenden Traditionen des Illiberalismus, der Ablehnung des Westens und militaristischer Einstellungen in der DDR betont haben, hat besonders R. BADSTÜBNER [136: Vergleich, 186, 190] auf die Entmachtung überkommener gesellschaftlicher Eliten verwiesen und vor allem damit seine Interpretation eines Bruchs mit dem „deutschen Sonderweg" in der SBZ/DDR gestützt. Letztlich wird das Verhältnis von Traditionslinien und Umbrüchen in der Literatur aber jeweils nur noch unterschiedlich akzentuiert.

Auch indem sie „Mitläufern" und Jugendlichen, die sich für die nationalsozialistische Diktatur begeistert engagiert hatten, die Chance der Reintegration anbot, belohnte die SED-Führung Anpassung und Mitarbeit in der neuen staatssozialistischen Diktatur. Die Anerkennung der neuen politischen Ordnung in der SBZ wurde schon bald wichtiger als das individuelle Verhalten im „Dritten Reich" [85: S. WOLLE, DDR,

Obrigkeitsstaatliche Traditionen

„Antifaschismus" als Integrationsangebot

408]. Die offizielle Legitimationsideologie des „Antifaschismus"
schien vielen Menschen nach 1945 auch einen persönlichen Neuanfang
zu eröffnen und vermittelte nach dem Chaos der letzten Kriegsphase
und der ersten Nachkriegsjahre Sicherheit und eine Lebensperspektive.

Legitimitäts-
rückgang

Mit dem Generationswechsel verlor der „Antifaschismus" jedoch
seine Bindungskraft. Nach dem Scheitern der technokratischen Reformpolitik in den sechziger Jahren und der Abnahme der Aufstiegsmobilität nahm der Anreiz zum Engagement in der staatssozialistischen
Gesellschaft in den siebziger und achtziger Jahren schließlich deutlich
ab. Auch die verschärfte Überwachung – besonders durch die rapide
wachsende Zahl der hauptamtlichen und Inoffiziellen Mitarbeiter (IM)
des Ministeriums für Staatssicherheit – und die zunehmenden Versor-
gungsmängel verringerten in den siebziger und achtziger Jahren die
Attraktivität des „Arbeiter- und Bauernstaates" erheblich, vor allem im
Vergleich zur Bundesrepublik. Die Quellen der politischen und gesellschaftlichen Bindung an das SED-Regime versiegten zunehmend, so
dass sich große Bevölkerungsgruppen in ihrem Alltagsleben der Herrschaft zu entziehen suchten.

Kontinuität
und Träger
abweichenden
Verhaltens

Abweichendes Verhalten setzte aber nicht erst mit den Friedens-
und Umweltbewegungen im letzten Jahrzehnt der DDR ein. Die neuere
Forschung hat über die Fixierung auf den 17. Juni 1953 hinaus [dazu
jetzt: 298: T. DIEDRICH, Waffen; 313: R. STEININGER, Juni; 306: I.-S. KO-
WALCZUK, Juni] vielmehr die Dauerhaftigkeit, Vielfalt und breite gesellschaftliche Basis politischer Devianz in der DDR nachgewiesen [dazu
ergänzend der Überblick in: 27: G. HEYDEMANN, Innenpolitik, 104–
107]. Nicht nur verdrängte gesellschaftliche Schichten wie das Besitz-
und Bildungsbürgertum, die Gutsherren und Bauern wandten sich gegen den Herrschafts- und Steuerungsanspruch der Machthaber, sondern
zusehends auch Schichten wie die Arbeiterschaft und die „neue Intelligenz", auf deren Unterstützung sich die SED-Führung berief. Die Motive, Formen und Träger abweichenden Verhaltens, das von den Machthabern registriert wurde und sich deshalb in der Aktenüberlieferung widerspiegelt, sind inzwischen umfassend dargestellt worden [vgl. die
Beiträge in: 300: K. W. FRICKE, Opposition; 314: H.-J. VEEN, Lexikon].
Dagegen ist die Analyse der Versuche, sich im alltäglichen Leben den
Zugriffen und Zumutungen des Regimes zu entziehen, weitgehend
noch ein Desiderat der Forschung.

Analytische
Konzepte und
Begriffe

Bei der Untersuchung abweichenden Verhaltens in der staatssozialistischen Diktatur ist oft auf Begriffe und Kategorien zurückgegriffen worden, die in Studien zum Alltagsleben in der nationalsozialistischen Diktatur entwickelt worden sind [R. ECKERT, in: 310: 68–84].

Zwar erleichtert vor allem die Unterscheidung zwischen Nonkonformität, Verweigerung, Protest und Widerstand die Interpretation individuellen Verhaltens in der SED-Diktatur; jedoch ist die Übertragbarkeit
von Begriffen und Konzepten, die Formen abweichenden Verhaltens
im „Dritten Reich" kennzeichnen, auf die staatssozialistische Gesellschaft in der Forschung umstritten geblieben, weil sich die Rahmenbedingungen, die den Umfang und die Ausprägung politischer und sozialer Devianz beeinflussen, in beiden Diktaturen erheblich unterschei-
den. So konnten sich die nationalsozialistischen Machthaber auf einen
breiteren Konsens und eine höhere Kooperationsbereitschaft in der
Bevölkerung stützen als die SED-Führung. Zudem wurde abweichendes Verhalten im Nationalsozialismus weitaus rigoroser bekämpft als
im Staatssozialismus, in dem das Netz der geheimpolizeilichen Überwachung enger als im „Dritten Reich" war. Außer der unterschiedlichen Dauer der beiden deutschen Diktaturen muss nicht zuletzt berücksichtigt werden, dass mit der Bundesrepublik zumindest bis 1961 ein
Fluchtraum zur Verfügung stand, dessen Stellenwert für die Entwicklung nonkonformen Verhaltens in der DDR freilich umstritten ist. Einer
Deutung, nach der die Ausreisenden die SED-Diktatur unterhöhlt hätten, steht eine Interpretation gegenüber, welche die stabilisierende Ventilfunktion von Flucht und Abwanderung aus dem zweiten deutschen
Staat betont [vgl. B. EISENFELD, in: 310: Selbstbehauptung, 192–223; N.
LASSAL, in: 95: Diktaturerfahrung, 241–253].

Nicht zuletzt wegen der deutlichen Unterschiede zwischen den
beiden Diktaturen sind die Begriffe und Kategorien, die zur Untersuchung abweichenden Verhaltens in der DDR weiterführend genutzt
werden können, in der Forschung umstritten geblieben [311: C. ROSS,
Grundmerkmal, 750–753]. So hat sich R. ECKERT gegen die synonyme
Verwendung von „Widerstand" und „Opposition" gewandt, die den Arbeiten I.-S. KOWALCZUKS zugrunde liegt [vgl. z. B.: 306: Juni]. Während
der „Widerstand" im „Dritten Reich" auf die Beseitigung der nationalsozialistischen Terrorherrschaft und den Sturz der Machthaber gezielt
habe, war die „Opposition" in der DDR – so hat ECKERT argumentiert –
zwar auf eine tief greifende Reform, nicht aber die Auflösung des
politischen Systems ausgerichtet [R. ECKERT, in: 310: 82; ähnlich auch:
309: E. NEUBERT, Geschichte, 29–32]. C. KLESSMANN hat diesen Unterschied dagegen begrifflich in die Differenzierung zwischen „Dissidenz" und „Opposition" gefasst. Darüber hinaus sei zwischen „Resistenz" als – nicht durchweg intendierter – Begrenzung der Herrschaft
und „Opposition" als bewusster, grundsätzlicher Gegnerschaft zu diffe-
renzieren [305: Opposition, 460, 479].

Wechselverhältnis von Konformitäts- druck und Devianz

Übereinstimmend haben die neueren Arbeiten zum abweichenden Verhalten in der DDR auch herausgearbeitet, dass der Herrschaftsan- spruch der SED-Führung der Bevölkerung einen weit reichenden Kon- senszwang auferlegte. Damit riefen die Machthaber letztlich selber Verweigerung, Protest und Widerstand hervor. Der jeweils maßgebli- che politische Kurs und der Herrschaftsanspruch definierten die Grenze zwischen Konsens und Verweigerung. Die rigorose Unterdrückung von Devianz radikalisierte abweichendes Verhalten noch, das oft von ge- ringfügigen Anlässen ausgelöst wurde. So wurden Unruhe und Protest, die sich zunächst vor allem gegen den offenkundigen materiellen Mangel richteten, schnell politisiert – wie im Juni 1953 –, da die Not- lage den Machthabern angelastet wurde. Wegen dieser Dynamik wider- ständigen Verhaltens ist in der Forschung zwischen den Ansprüchen der Machthaber und den gesellschaftlichen Akteuren unterschieden worden. Ebenso unumstritten wie die Forderung, den engen Zusam- menhang von Verfolgung und abweichendem Verhalten und die Über- lagerung von Anpassung und Devianz zu beachten, ist in der sozial- historischen Forschung zur DDR die Notwendigkeit einer zeitlichen Differenzierung der Beziehungen zwischen Regime und Bevölkerung.

Dynamik abwei- chenden Verhaltens

Das Wechselverhältnis von Herrschaftsansprüchen und abwei- chendem Verhalten wird in der Steigerung von Nonkonformität und Verweigerung zu Protest und Widerstand in Phasen erhöhter politischer Repression und gesellschaftlicher Konstruktion deutlich. So mündete der „Aufbau des Sozialismus", der nicht nur mit einer Unterdrückung der Bauern und des Bildungs- und Besitzbürgertums einher ging, son- dern auch die Arbeiterschaft zu Anpassung und Leistungssteigerung drängte, im Juni 1953 in einen Volksaufstand, der in der DDR insge- samt rund 700 Städte und Gemeinden erfasste [306: I.-S. KOWALCZUK, Juni, 9, 284; 298: T. DIEDRICH, Waffen]. Wenngleich die Erhebung von der Arbeiterschaft getragen wurde, verbreitete sich auch auf dem Lande Unruhe, die zur Auflösung von LPG führte, Mitglieder von Produkti- onsgenossenschaften zum Austritt aus den Kollektivbetrieben veran- lasste und die Freilassung inhaftierter Bauern erzwang. Die Forschung zu der unterschiedlichen Ausprägung des Aufstandes in den einzelnen Regionen und sozialen Gruppen der DDR ist aber noch zu intensivieren [vgl. aber: 312: H. ROTH, Juni, 307]. Als die Machthaber in den späten fünfziger Jahren ihre Eingriffe in die gesellschaftliche Entwicklung er- neut verstärkten, nahm die Flucht nach Westdeutschland so rapide zu, dass der Verlust besonders der hoch qualifizierten Fachkräfte letztlich nur durch den Bau der Mauer in Berlin am 13. Juni 1961 eingedämmt werden konnte. Neuere Arbeiten zu diesem Migrationsprozess haben

nicht nur zunehmende Unzufriedenheit als Ursache der Abwanderung
bestätigt und damit den Legenden von der angeblichen gezielten „Abwerbung" durch westliche Geheimdienste ihre Grundlage entzogen,
sondern auch die breite soziale Basis des Protests belegt. Überdies
konnte gezeigt werden, dass die Unruhe in vielen Gesellschaftsgruppen
auch nach dem Mauerbau anhielt [259: P. MAJOR, August].

In der staatssozialistischen Gesellschaft blieb abweichendes Verhalten bis zu den fünfziger Jahren in traditionellen gesellschaftlichen
Milieus verwurzelt. Die Verweigerung vieler Bauern gegenüber der
Kollektivierungsagitation [A. BAUERKÄMPER, in: 17: 294–311] und die
Beharrungskraft von Handwerkern, Unternehmern und Professoren gegenüber der Verdrängungs- bzw. Integrationspolitik des SED-Regimes
speisten sich ebenso aus der Einbindung in alltägliche Lebenszusammenhänge wie die öffentliche Kritik vor allem liberaler Hochschul-
gruppen gegen Übergriffe von Funktionären der SED und FDJ in den
späten vierziger Jahren [237: W. KRÖNIG/K.-D. MÜLLER, Anpassung,
69–71; 236: I.-S. KOWALCZUK, Geist]. Vor allem der „Eisenberger
Kreis", eine große studentische Widerstandsgruppe, konnte sich jahre-
lang dem Herrschaftsmonopol der SED entziehen [308: P. VON ZUR
MÜHLEN, Jugendwiderstand]. Ähnlich stützte sich der Protest von Pastoren gegen die Unterdrückung der „Jungen Gemeinden", die Durchsetzung der Jugendweihe, die Einführung des Wehrkundeunterrichts an
den Schulen und die Hochrüstungspolitik auf das protestantische Milieu. So beriefen sich Mitarbeiter der Thomas-Schule in Leipzig auf
ihren – als erfolgreich dargestellten – Widerstand im „Dritten Reich",
um gegenüber dem Ersten Sekretär der SED-Bezirksleitung in der
neuen Diktatur Eingriffe abzuwehren [245: C. KLESSMANN, Sozialgeschichte, 47–51]. „Verdeckte Formen der Realisierung von Interessen"
[305: C. KLESSMANN, Opposition, 468] entwickelten sich auch im betrieblichen Umfeld, in dem Arbeiter durch ähnliche Wahrnehmungen,
Werte und Einstellungen verbunden waren. Nicht zuletzt stützte sich
weltanschaulicher Dissens als bewusste Abweichung von der offiziellen Ideologie auf die gesellschaftlichen Bindungskräfte betrieblicher
Kommunikationsnetze und alltäglicher Lebenszusammenhänge.

Nach dem Mauerbau wurde das SED-Regime jedoch zunehmend
weniger grundsätzlich abgelehnt. Neuere Arbeiten haben gezeigt, dass
die etablierte staatssozialistische Diktatur vielmehr vorrangig durch
Reformen erträglicher werden sollte [R. ECKERT, in: 310: 81; R. ECKERT,
in: 50: 167]. In den sechziger Jahren richtete sich der Protest deshalb
vor allem gegen die Wehrpflicht, die 1962 eingeführt worden war, und
die Niederschlagung des Reformkommunismus in der Tschechoslowa-

[margin note] Abweichendes Verhalten und Milieubeharrung

[margin note] Rückgang abwei-chenden Verhaltens in den sechziger Jah-ren

kei 1968. In demselben Jahr löste auch die Sprengung historischer Bauten wie der Universitätskirche in Leipzig und der Potsdamer Garnisonkirche, die offiziell als Symbole einer überwundenen gesellschaftlichen Ordnung galten, abweichendes Verhalten aus. Wie dargestellt, hatte die Verhärtung der SED-Politik gegenüber den Jugendlichen schon Mitte der sechziger Jahre zu Unruhen geführt. Die Hinwendung zu westlichen Lebensstilen und neuen Formen der Freizeitgestaltung, die sich der offiziellen FDJ-Folklore entzog, konnten Funktionäre und Sicherheitskräfte nur kurzfristig gegen die jugendlichen Anhänger von Beat- und Rock-Musik und Jeans unterbinden [T. THACKER, in: 40: 237–240; 267: M. RAUHUT, Beat; 268: M. RAUHUT, Rock].

Kulturell-künstlerische Dissidenz   Demgegenüber löste der Abbruch der kulturpolitischen Liberalisierung auf dem „Kahlschlag"-Plenum des ZK der SED (15.–18. Dezember 1965), nach dem das SED-Regime allein zwölf Spielfilme verbot, unter den Intellektuellen kaum Protest aus [1: G. AGDE, Kahlschlag; 270: G. RÜTHER, Schriftsteller, 117–123]. Der kulturpolitische Herrschafts- und Steuerungsanspruch der Machthaber, unter denen vor allem Honecker 1965 die Rückkehr zum „Sozialistischen Realismus" forderte, wurde von Künstlern erst nach der Ausbürgerung des Sängers und Liedermachers Wolf Biermann elf Jahre später kritisiert. In den achtziger Jahren bildete sich schließlich eine literarische Kulturszene heraus, die sich auf den Berliner Bezirk Prenzlauer Berg konzentrierte und Schriftsteller wie Sascha Anderson und Kurt Drawert einschloss. Die literarische Dissidenz blieb in der DDR jedoch durch eine grundsätzliche Staatsloyalität gebrochen, auch wenn das Ausmaß der Kooperation einzelner Schriftsteller mit dem MfS in der Diskussion nach dem Umbruch von 1989/90 weiterhin heftig umstritten ist [dazu 262: W. MITTENZWEI, Literatur, 229–239, 290–309, 350–375; zur Kulturpolitik: 254: G. DIETRICH, Politik; 256: M. JÄGER, Kultur, 163–263]. Unstrittig ist jedoch der nachhaltige Einfluss der politischen Zensur auf die Literatur und Kunst, aber auch auf die Geschichtsschreibung der DDR [253: S. BARCK u. a., Zensursystem; 258: S. LOKATIS, Faden].

Neue Protestbewegung in den achtziger Jahren   Die Friedens-, Umwelt-, Frauen- und Menschenrechtsgruppen, die sich seit den späten siebziger Jahren in der DDR herausbildeten, erwuchsen aus kirchlichen Milieus und neuen alternativen Subkulturen, deren Angehörige das Ideal eines freien, authentischen Lebens verband. Darüber hinaus haben vor allem E. NEUBERT und R. ECKERT auf die Vorbildwirkung der Bausoldaten und Wehrdienstverweigerer, die in den sechziger Jahren den Militärdienst abgelehnt hatten, für die zwanzig Jahre später entstandenen Friedensgruppen verwiesen [309: E. NEUBERT, Geschichte; R. ECKERT, in: 50: 169 f.; 23: M. FULBROOK, Anatomy,

206–242]. Diese Oppositionellen waren im Gegensatz zu den Schrift-
stellern, die im November 1976 gegen die Ausbürgerung Biermanns
protestiert und damit das Herrschaftsmonopol der SED-Führung offen
in Frage gestellt hatten, nicht in das Herrschaftssystem eingebunden.
Vielmehr bekannten sich die neuen Oppositionsgruppen offen zu dem
Ziel, die Diktatur zu beseitigen. Die sozialen Milieus, die den Bür-
gerrechtsbewegungen in den achtziger Jahren ihre politische Sprengkraft verliehen, sind aber in weiteren Regional- und Lokalstudien noch
detailliert zu untersuchen. Jedoch ist deutlich, dass sich im letzten Jahrzehnt der SED-Herrschaft soziale Räume und Beziehungen herausbildeten, die eine „Reaktivierung der DDR-Gesellschaft" [110: K. H.
JARAUSCH, Gegengesellschaft, 12] herbeiführten, zur Grundlage einer
Gegenöffentlichkeit wurden und Ansätze zivilgesellschaftlicher Selbst-
organisation aufwiesen [52: M. FULBROOK, Politik, 470].

Insgesamt sind die Formen, Gründe und Träger abweichenden   Stabilität und Zerfall
Verhaltens in der DDR vor allem seit 1990 umfassend erforscht wor-   der SED-Diktatur
den. Anders als die nationalsozialistische Diktatur zielte das SED-Regime nicht nur auf eine weit reichende individuelle Umerziehung, sondern eine Umwälzung der sozialen Milieus. Abweichendes Verhalten
war vielfältig und ergab sich vielfach erst aus dem umfassenden Herrschaftsanspruch der Machthaber. Zugleich waren Verweigerung und
Anpassung im alltäglichen Verhalten oft eng miteinander verflochten,
denn Stillhalteabkommen und Allianzen, die Interessen aller Beteiligten berücksichtigten, verbanden Herrschende und Beherrschte in kon-
kreten Handlungskonstellationen. Obgleich die Auswirkungen alltäglicher Verweigerung deshalb nicht überschätzt werden dürfen, führte
diese eine Konfliktdynamik und einen schleichenden Autoritätsverlust
herbei, die im Herbst 1989 maßgeblich zum Zusammenbruch der
staatssozialistischen Diktatur beitrugen [311: C. ROSS, Grundmerkmal, 748, 757–760; 309: E. NEUBERT, Geschichte, 22–25; 303: K. H.
JARAUSCH, Untergang; 304: H. JOAS/M. KOHLI, Zusammenbruch; 315:
H. ZWAHR, Ende]. Der Zusammenhang zwischen dieser Herrschafts-
krise und dem vorangegangenen abweichenden Verhalten bleibt aber
eingehender zu untersuchen, um den Zerfall, aber auch die lange Stabilität der SED-Diktatur und der staatssozialistischen Gesellschaft erklären zu können.

III. Quellen und Literatur

Wenn nicht anders angegeben gelten die Siglen der Historischen Zeitschrift

APuZ   Aus Politik und Zeitgeschichte. Beilage zur Wochenzeitung „Das Parlament"

DA   Deutschland Archiv

JfW   Jahrbuch für Wirtschaftsgeschichte

JHK   Jahrbuch für Historische Kommunismusforschung

ZfS   Zeitschrift für Soziologie

1. Dokumentationen und Hilfsmittel

1. G. AGDE (Hrsg.), Kahlschlag. Das 11. Plenum des ZK der SED 1965. Studien und Dokumente, 2. Aufl. Berlin 2000 [EA 1991].
2. Berichte der Landes- und Provinzialverwaltungen zur antifaschistisch-demokratischen Umwälzung 1945/46, Berlin (Ost) 1989.
3. W. BENZ (Hrsg.), Deutschland unter alliierter Besatzung 1945–1949/55, Berlin 1999.
4. D. BRUNNER (Hrsg.), Der Wandel des FDGB zur kommunistischen Massenorganisation. Das Protokoll der Bitterfelder Konferenz des FDGB am 25./26. November 1948, Essen 1996.
5. J. ČERNY (Hrsg.), Wer war wer – DDR. Ein biographisches Lexikon, 2. durchges. Aufl. Berlin 1992 [EA 1992].
6. A. HERBST/W. RANKE/J. WINKLER (Hrsg.), So funktionierte die DDR, 3 Bde., Reinbek 1994.
7. D. HOFFMANN (Hrsg.), Die DDR vor dem Mauerbau. Dokumente zur Geschichte des anderen deutschen Staates 1949–1961, München 1993.
8. M. JUDT (Hrsg.), DDR-Geschichte in Dokumenten. Beschlüsse, Berichte, interne Materialien und Alltagszeugnisse, Berlin 1997.
9. C. KLESSMANN/G. WAGNER (Hrsg.), Das gespaltene Land. Leben in Deutschland 1945–1990. Texte und Dokumente zur Sozialgeschichte, München 1993.

10. U. Mählert (Hrsg.), Vademekum DDR-Forschung. Ein Leitfaden zu Archiven, Forschungsinstituten, Bibliotheken, Einrichtungen der politischen Bildung, Vereinen, Museen und Gedenkstätten, Berlin 2002.

11. Materialien der Enquete-Kommission „Aufarbeitung von Geschichte und Folgen der SED-Diktatur in Deutschland" (12. Wahlperiode des Deutschen Bundestages). Hrsg. vom Deutschen Bundestag. 9 Bde. in 18 Teilbänden, Baden-Baden 1995.

12. Materialien der Enquete-Kommission „Überwindung der Folgen der SED-Diktatur im Prozeß der deutschen Einheit" (13. Wahlperiode des Deutschen Bundestages). Hrsg. vom Deutschen Bundestag. 8 Bde. in 14 Teilbänden, Baden-Baden 1999.

13. R. Rytlewski/M. Opp de Hipt, Die Deutsche Demokratische Republik in Zahlen 1945/49–1980. Ein sozialgeschichtliches Arbeitsbuch, München 1987.

14. Sozialforschung in der DDR. Dokumentation unveröffentlichter Forschungsarbeiten, 6 Bde., bearb. v. U. Koch/W. Mallock/C. Otto/E. Schwefel, Berlin 1992–1994.

15. H. Weber (Hrsg.), DDR. Dokumente zur Geschichte der Deutschen Demokratischen Republik 1945–1985, München 1987.

16. W. Weidenfeld/K.-R. Korte (Hrsg.), Handbuch der deutschen Einheit 1949–1989–1999, Bonn 1999.

2. Gesamtdarstellungen und Sammelbände

17. A. Bauerkämper/M. Sabrow/B. Stöver (Hrsg.), Doppelte Zeitgeschichte. Deutsch-deutsche Beziehungen 1945–1990. Fs. Christoph Kleßmann, Bonn 1998.

18. Becker, P./A. Lüdtke (Hrsg.), Akten. Eingaben. Schaufenster. Die DDR und ihre Texte. Erkundungen zu Herrschaft und Alltag, Berlin 1997.

19. R. Bessel/R. Jessen (Hrsg.), Die Grenzen der Diktatur. Staat und Gesellschaft in der DDR, Göttingen 1996.

20. M. Broszat/H. Weber (Hrsg.), SBZ-Handbuch. Staatliche Verwaltungen, Parteien, gesellschaftliche Organisationen und ihre Führungskräfte in der Sowjetischen Besatzungszone Deutschlands 1945–1949, 2. Aufl. München 1993 [EA 1990].

21. B. Ciesla/M. Lemke/T. Lindenberger (Hrsg.), Sterben für Berlin? Die Berliner Krisen 1948 : 1958, Berlin 2000.

22. R. EPPELMANN u. a. (Hrsg.), Lexikon des DDR-Sozialismus. Das Staats- und Gesellschaftssystem der Deutschen Demokratischen Republik, Paderborn 1996.

23. M. FULBROOK, Anatomy of a Dictatorship. Inside the GDR 1949–1989, Oxford 1995.

24. T. GROSSBÖLTING/H.-U. THAMER (Hrsg.), Die Errichtung der Diktatur. Transformationsprozesse in der Sowjetischen Besatzungszone und in der frühen DDR, Münster 2003.

25. W. HALDER, Deutsche Teilung. Vorgeschichte und Anfangsjahre der doppelten Staatsgründung, Zürich 2002.

26. H.-H. HERTLE/K. H. JARAUSCH/C. KLESSMANN (Hrsg.), Mauerbau und Mauerfall. Ursachen – Verlauf – Auswirkungen, Berlin 2002.

27. G. HEYDEMANN, Die Innenpolitik der DDR, München 2003.

28. D. HOFFMANN, Die DDR unter Ulbricht. Gewaltsame Neuordnung und gescheiterte Modernisierung, Zürich 2003.

29. D. HOFFMANN/M. SCHWARTZ/H. WENTKER (Hrsg.), Vor dem Mauerbau. Politik und Gesellschaft in der DDR der fünfziger Jahre, München 2003.

30. B. IHME-TUCHEL, Die DDR, Darmstadt 2002.

31. K. H. JARAUSCH (Hrsg.), Dictatorship as Experience. Towards a Socio-Cultural History of the GDR, New York 1999.

32. H. KAELBLE/J. KOCKA/H. ZWAHR (Hrsg.), Sozialgeschichte der DDR, Stuttgart 1994.

33. D. KELLER/H. MODROW/H. WOLF (Hrsg.), Ansichten zur Geschichte der DDR, 4 Bde., Eggersdorf 1993–1994.

34. C. KLESSMANN, Die doppelte Staatsgründung. Deutsche Geschichte 1945–1955, 5. Aufl. Göttingen 1991 [EA 1982].

35. C. KLESSMANN, Zwei Staaten, eine Nation. Deutsche Geschichte 1955–1970, 2. Aufl. Bonn 1997 [EA 1988].

36. J. KOCKA (Hrsg.), Historische DDR-Forschung. Aufsätze und Studien, Berlin 1993.

37. J. KOCKA/M. SABROW (Hrsg.), Die DDR als Geschichte. Fragen – Hypothesen – Perspektiven, Berlin 1994.

38. D. VAN MELIS (Hrsg.), Sozialismus auf dem platten Land. Mecklenburg-Vorpommern von 1945 bis 1952, Schwerin 1999.

39. A. MITTER/S. WOLLE, Untergang auf Raten. Unbekannte Kapitel der DDR-Geschichte, München 1993.

40. J. OSMOND/P. MAJOR (Hrsg.), The Workers' and Peasants' State. Communism and Society in East Germany under Ulbricht 1945–71, Manchester 2002.

41. K. SCHROEDER, Der SED-Staat 1949–1990. Partei, Staat und Gesellschaft, München 1998.
42. D. STARITZ, Geschichte der DDR 1949–1985, Frankfurt/M. 1985 [Neuausgabe 1996].
43. R. STEININGER, Deutsche Geschichte seit 1945. Darstellung und Dokumente in vier Bänden, Frankfurt/M. 1996.
44. H. WEBER, Die DDR 1945–1986, München 1988.
45. H. WEBER, Geschichte der DDR, München 1999.
46. S. WOLLE, Die heile Welt der Diktatur. Alltag und Herrschaft in der DDR 1971–1989, Berlin 1998.

3. Forschungs- und Literaturberichte, Kontroversen, Archive

47. A. BAUERKÄMPER, Das Erbe des Kommunismus im vereinten Deutschland. Die Zeitgeschichtsschreibung und die DDR, in: Revue d'Allemagne 31 (1999), H. 1, 169–184.
48. B. BOUVIER, Forschungen zur DDR-Geschichte. Aspekte ihrer Konjunktur und Unübersichtlichkeit, in: AfS 38 (1998) 555–590.
49. G. BRAUN, Die Geschichte der Sowjetischen Besatzungszone im Spiegel der Forschung. Eine Bestandsaufnahme der neueren Literatur (Teil I), in: JHK (1995) 275–305.
50. R. EPPELMANN/B. FAULENBACH/U. MÄHLERT (Hrsg.), Bilanz und Perspektiven der DDR-Forschung. Fs. Hermann Weber, Paderborn 2003.
51. B. FAULENBACH/M. MECKEL/H. WEBER (Hrsg.), Die Partei hatte immer recht – Aufarbeitung von Geschichte und Folgen der SED-Diktatur, Essen 1994.
52. M. FULBROOK, Politik, Wissenschaft und Moral. Zur neueren Geschichte der DDR, in: GG 22 (1996) 458–471.
53. M. GRESCHAT, Politische Macht, Kirchen und Gesellschaft in der DDR, in: NPL 44 (1999) 59–80.
54. M. GRESCHAT, Der SED-Staat und die Kirchen. Ein Literaturbericht, in: NPL 47 (2002) 62–78.
55. H. HANDKE, Sozialgeschichte – Stand und Entwicklung in der DDR, in: Sozialgeschichte im internationalen Überblick. Ergebnisse und Tendenzen der Forschung. Hrsg. v. J. Kocka, Darmstadt 1989, 89–108.

56. P. HÜBNER, Stand und Perspektiven der zeitgeschichtlichen DDR-Forschung, in: Krise – Umbruch – Neubeginn. Eine kritische und selbstkritische Dokumentation der DDR-Geschichtswissenschaft 1989/90. Hrsg. v. R. Eckert/W. Küttler/G. Seeber, Stuttgart 1992, 439–451.

57. P. HÜBNER, Sozialgeschichte in der DDR – Stationen eines Forschungsweges, in: BzG 34 (1992) 43–54.

58. G. IGGERS u. a. (Hrsg.), Die DDR-Geschichtswissenschaft als Forschungsproblem, München 1998.

59. M. KEHL, Volkskunde im marxistischen Kontext, in: ZfG 41 (1993) 810–814.

60. C. KLESSMANN/M. SABROW, Zeitgeschichte in Deutschland nach 1989, in: APuZ B 39 (1996) 3–14.

61. J. KOCKA, Bilanz und Perspektiven der DDR-Forschung. Hermann Weber zum 75. Geburtstag, in: DA 36 (2003) 751–757.

62. W. KÜTTLER, Zum Platz der DDR-Sozialgeschichtsforschung in der internationalen Wissenschaftsentwicklung, in: BzG 34 (1992) 55–66.

63. G. METZLER, Zeitgeschichte im Parlament. Die Materialien der Enquete-Kommission „Aufarbeitung von Geschichte und Folgen der SED-Diktatur in Deutschland", in: HZ 266 (1998) 97–109.

64. P. PASTERNACK, Gelehrte DDR. Die DDR als Gegenstand der Lehre an deutschen Universitäten 1990–2000, Wittenberg 2001.

65. G. A. RITTER, Der Umbruch von 1989/91 und die Geschichtswissenschaft, München 1995.

66. K. SCHROEDER/J. STAADT, Zeitgeschichte in Deutschland vor und nach 1989, in: APuZ B 26 (1997) 15–29.

67. C. VOLLNHALS/J. WEBER (Hrsg.), Der Schein der Normalität. Alltag und Herrschaft in der SED-Diktatur, München 2002.

68. H. WEBER, „Asymmetrie" bei der Erforschung des Kommunismus und der DDR-Geschichte?, in: APuZ B 26 (1997) 3–14.

69. H. WEBER, Zum Stand der Forschung über die DDR-Geschichte, in: DA 32 (1998) 249–257.

4. Die DDR in der deutschen Geschichte

70. P. ALTER/P. MONTEATH (Hrsg.), Rewriting the German Past: History and Identity in the New German Atlantic Highlands, New Jersey 1997, 175–196.

71. R. BADSTÜBNER, Das Geschichtsbild Deutschlands von 1945 bis 1949 in der westdeutschen imperialistischen Geschichtsschreibung, in: ZfG 18 (1970) 497–512.

72. P. BENDER, Episode oder Epoche? Zur Geschichte des geteilten Deutschland, 2. Aufl. München 1996.

73. B. FAULENBACH, Zäsuren deutscher Geschichte? Der Einschnitt von 1918 und 1945, in: TAJB 25 (1996) 15–33.

74. M. Fulbrook, The Two Germanies. Problems of Interpretation, Basingstoke 1992.

75. K. H. JARAUSCH, „Die Teile als Ganzes erkennen". Zur Integration der beiden deutschen Nachkriegsgeschichten, in: Zeithistorische Forschungen 1 (2004) 10–30.

76. P. GRAF KIELMANSEGG, Nach der Katastrophe. Eine Geschichte des geteilten Deutschlands, Berlin 2000.

77. C. KLESSMANN, Verflechtung und Abgrenzung. Aspekte der geteilten und zusammengehörigen deutschen Nachkriegsgeschichte, in: APuZ B 29/30 (1993) 30–41.

78. C. KLESSMANN/H. MISSELWITZ/G. WICHERT (Hrsg.), Deutsche Vergangenheiten – eine gemeinsame Herausforderung. Der schwierige Umgang mit der doppelten Nachkriegsgeschichte, Berlin 1999.

79. C. KLESSMANN (Hrsg.), The Divided Past. Rewriting Post-War German History, Oxford 2001.

80. J. KOCKA, Ein deutscher Sonderweg. Überlegungen zur Sozialgeschichte der DDR, in: APuZ B 40 (1994) 34–45.

81. G. A. RITTER, Über Deutschland. Die Bundesrepublik in der deutschen Geschichte, München 1998, 129–193.

82. G. A. RITTER, Die DDR in der deutschen Geschichte, in: VfZ 50 (2002) 171–200.

83. M. SABROW, Die DDR im nationalen Gedächtnis, in: Geschichte ist immer Gegenwart. Vier Thesen zur Zeitgeschichte. Hrsg. v. J. Baberowski u. a., München 2001, 91–111, 116–119.

84. K. SCHÖNHOVEN, Kontinuitäten und Brüche – Zur doppelten deutschen Geschichte nach 1945, in: TAJB 28 (1999) 237–255.

85. S. WOLLE, Die DDR in der deutschen Geschichte, in: GWU 50 (1999) 396–411.

5. Totalitarismustheorie, Diktaturenvergleich und Regimetypologie

86. F. BOLL (Hrsg.), Verfolgung und Lebensgeschichte. Diktaturerfahrung unter nationalsozialistischer und stalinistischer Herrschaft in Deutschland, Berlin 1997.

87. G. J. GLAESSNER, „Totalitarismus" – Reflexionen zu einer wissenschaftlichen und politischen Debatte, in: Prokla 115. Zeitschrift für kritische Sozialwissenschaft 29 (1999) 255–275.

88. K.-D. HENKE (Hrsg.), Totalitarismus. Sechs Vorträge über Gehalt und Reichweite eines klassischen Konzepts der Diktaturenforschung, Dresden 1999.

89. G. HEYDEMANN, NS- und SED-Staat – Zwei deutsche Diktaturen? Probleme und Möglichkeiten des Diktaturvergleichs, in: Nähe und Ferne. Erlebte Geschichte im geteilten und vereinigten Deutschland. Hrsg. v. I. Gamer-Wallert u. a., Tübingen 1997, 54–77.

90. H. HEYDEMANN/E. JESSE (Hrsg.), Diktaturvergleich als Herausforderung. Theorie und Praxis, Berlin 1998.

91. E. JESSE (Hrsg.), Totalitarismus im 20. Jahrhundert. Eine Bilanz der internationalen Forschung, Baden-Baden 1996.

92. E. JESSE, War die DDR totalitär?, in: APuZ B 40 (1994) 12–23.

93. R. JESSEN, DDR-Geschichte und Totalitarismustheorie, in: Berliner Debatte Initial 6 (1995), H. 4/5, 17–24.

94. J. KOCKA, Vereinigungskrise. Zur Geschichte der Gegenwart, Göttingen 1995.

95. L. KÜHNHARDT u. a. (Hrsg.), Die doppelte deutsche Diktaturerfahrung. Drittes Reich und DDR – ein historisch-politikwissenschaftlicher Vergleich, Frankfurt/M. 1994, 169–184.

96. M. LEMKE (Hrsg.), Sowjetisierung und Eigenständigkeit in der SBZ/DDR (1945–1953), Köln 1999.

97. D. SCHMITT, Doktrin und Sprache in der ehemaligen DDR bis 1989. Eine politikwissenschaftliche Analyse unter Berücksichtigung sprachwissenschaftlicher Gesichtspunkte, Frankfurt/M. 1993.

98. K. SCHÖNHOVEN, Drittes Reich und DDR: Probleme einer vergleichenden Analyse von Diktaturerfahrungen, in: JHK (1995) 189–200.

99. A. SIEGEL (Hrsg.), Totalitarismustheorien nach dem Ende des Kommunismus, Köln 1998.

100. A. SÖLLNER/R. WALKENHAUS/K. WIELAND (Hrsg.), Totalitarismus. Eine Ideengeschichte des 20. Jahrhunderts, Berlin 1997.

6. Die gesellschaftliche Struktur der DDR, soziale Ungleichheit und analytische Konzepte

101. F. ADLER, Ansätze zur Rekonstruktion der Sozialstruktur des DDR-Realsozialismus, in: Berliner Journal für Soziologie 1 (1991) 157–175.

102. K. BELWE, Sozialstruktur und gesellschaftlicher Wandel in der DDR, in: Deutschland-Handbuch. Eine doppelte Bilanz 1949–1989. Hrsg. v. W. Weidenfeld/H. Zimmermann, München 1989, 125–143.

103. C. BURRICHTER/G.-R. STEPHAN, Die DDR als Untersuchungsgegenstand einer Historischen Sozialforschung. Ergebnisse, Defizite und Perspektiven, in: DA 29 (1996), 444–454.

104. F. ETTRICH, Neotraditionalistischer Staatssozialismus. Zur Diskussion eines Forschungskonzeptes, in: Prokla 86 (1992) 98–114.

105. R. GEISSLER, Die Sozialstruktur Deutschlands. Zur gesellschaftlichen Entwicklung mit einer Zwischenbilanz zur Vereinigung, 2. Aufl. Opladen 1996 [EA 1992].

106. R. GEISSLER, Sozialstrukturforschung in der DDR – Erträge und Dilemmata. Eine kritische Bilanz zur Triebkraft-Debatte und Mobilitätsanalyse, in: Berliner Journal für Soziologie 6 (1996) H. 4, 517–540.

107. G.-J. GLAESSNER, Am Ende der Klassengesellschaft? Sozialstruktur und Sozialstrukturforschung in der DDR, in: APuZ B 32 (1988) 3–12.

108. J. HUININK u. a., Kollektiv und Eigensinn. Lebensverläufe in der DDR und danach, Berlin 1995.

109. K. H. JARAUSCH, Realer Sozialismus als Fürsorgediktatur. Zur begrifflichen Einordnung der DDR, in: APuZ B 20 (1998) 33–46.

110. K. H. JARAUSCH, Die gescheiterte Gegengesellschaft. Überlegungen zu einer Sozialgeschichte der DDR, in: AfS 39 (1999) 1–17.

111. R. JESSEN, Die Gesellschaft im Staatssozialismus. Probleme einer Sozialgeschichte der DDR, in: GG 21 (1995) 96–110.

112. T. LINDENBERGER (Hrsg.), Herrschaft und Eigen-Sinn in der Diktatur. Studien zur Gesellschaftsgeschichte der DDR, Köln 1999.

113. M. LÖTSCH, Sozialstruktur der DDR – Kontinuität und Wandel, in: APuZ B 32 (1988) 13–19.

114. A. LÜDTKE, Die DDR als Geschichte. Zur Geschichtsschreibung über die DDR, in: APuZ B 36 (1998) 3–16.

115. C. S. MAIER, Geschichtswissenschaft und „Ansteckungsstaat", in: GG 20 (1994) 616–624.

116. A. MEIER, Abschied von der sozialistischen Ständegesellschaft, in: APuZ B 16–17 (1990) 3–14.

117. L. MERTENS (Hrsg.), Soziale Ungleichheit in der DDR. Zu einem tabuisierten Strukturmerkmal der SED-Diktatur, Berlin 2002.

118. S. MEUSCHEL, Legitimation und Parteiherrschaft. Zum Paradox von Stabilität und Revolution in der DDR 1945–1989, Frankfurt/M. 1992.

119. S. MEUSCHEL, Überlegungen zu einer Herrschafts- und Gesellschaftsgeschichte der DDR, in: GG 19 (1993) 5–14.

120. S. MEUSCHEL, Machtmonopol und homogenisierte Gesellschaft. Anmerkungen zu Detlef Pollack, in: GG 26 (2000) 171–183.

121. G. MEYER, Sozialistischer Paternalismus. Strategien konservativen Systemmanagements am Beispiel der Deutschen Demokratischen Republik, in: Politik und Gesellschaft in sozialistischen Ländern: Ergebnisse und Probleme der Sozialistischen-Länder-Forschung (PVS, Sonderheft 20). Hrsg. v. R. Rytlewski. Opladen 1989, 426–448.

122. D. POLLACK, Das Ende einer Organisationsgesellschaft. Systemtheoretische Überlegungen zum gesellschaftlichen Umbruch in der DDR, in: ZfS 19 (1990) 292–307.

123. D. POLLACK, Die konstitutive Widersprüchlichkeit der DDR. Oder: War die BRD-Gesellschaft homogen?, in: GG 23 (1997) 110–131.

124. D. POLLACK, Die offene Gesellschaft und ihre Freunde, in: GG 26 (2000) 184–196.

125. C. ROSS, The East German Dictatorship. Problems and Perspectives in the Interpretation of the GDR, London 2002.

126. W. ROSSADE, Gesellschaft und Kultur in der Endzeit des Realsozialismus, Berlin 1997.

127. F.-P. SCHIMUNEK, Die unheilige Neugier. Glanz und Elend sozialwissenschaftlicher Forschung in der DDR, Frankfurt/M. 2002.

128. D. SEGERT, Was war die DDR? Schnitte durch ihr politisches System, in: Berliner Debatte Initial 9 (1998), H. 2/3, 5–21.

129. V. SELLIN, Mentalität und Mentalitätsgeschichte, in: HZ 241 (1985) 555–598.

130. H. SOLGA, Auf den Weg in die klassenlose Gesellschaft? Klassenlagen und Mobilität zwischen Generationen in der DDR, Berlin 1995.

131. D. STORBECK, Soziale Strukturen in Mitteldeutschland. Eine sozi-

alstatistische Bevölkerungsanalyse im gesamtdeutschen Vergleich, Berlin 1964.

132. F. THIEME, Die Sozialstruktur der DDR zwischen Wirklichkeit und Ideologie. Eine Analyse geheimgehaltener Dissertationen, Frankfurt/M. 1996.

133. M. THOMAS, Die Entwicklung der DDR zwischen „Klasse" und „Individualisierung" – Erklärungsprobleme und -ansätze, in: BISS public 7 (1997), H. 23/24, 167–187.

134. I. TÖMMEL, Der Gegensatz von Stadt und Land im realen Sozialismus. Reproduktion kapitalistisch geprägter Industriestrukturen durch Planwirtschaft in der DDR, Kassel 1980.

135. D. VOIGT/W. VOSS/S. MECK, Sozialstruktur der DDR. Eine Einführung, Darmstadt 1987.

7. Gesellschaftliche Traditionen und Moderne, Milieus

136. R. BADSTÜBNER, Gesellschaftlich Altes und Neues im Entstehungsprozeß der beiden deutschen Staaten – ein Vergleich, in: TAJB 19 (1990) 179–191.

137. B. FAULENBACH, „Modernisierung" in der Bundesrepublik und der DDR während der 60er Jahre, in: Zeitgeschichte 25 (1998) 282–294.

138. C. KLESSMANN, „Das Haus wurde gebaut aus Steinen, die vorhanden waren" – Zur kulturgeschichtlichen Kontinuitätsdiskussion nach 1945, in: TAJB 19 (1990) 159–177.

139. D. LANGEWIESCHE, Fortschritt als sozialistische Hoffnung, in: Sozialismus und Kommunismus im Wandel. Hermann Weber zum 65. Geburtstag. Hrsg. v. K. Schönhoven/D. Staritz, Köln 1993, 39–55.

140. M. R. LEPSIUS, Parteiensystem und Sozialstruktur: zum Problem der Demokratisierung der deutschen Gesellschaft, in: Deutsche Parteien vor 1918. Hrsg. v. G. A. Ritter, Köln 1973, 56–80.

141. J. RADKAU, Revoltierten die Produktivkräfte gegen den real existierenden Sozialismus?, in: 1999. Zeitschrift für Sozialgeschichte des 20. und 21. Jahrhunderts 4 (1990) 13–42.

142. M. VESTER, Milieuwandel und regionaler Strukturwandel in Ostdeutschland, in: Soziale Milieus in Ostdeutschland. Gesellschaftliche Strukturen zwischen Zerfall und Neubildung. Hrsg. v. M. Hofmann/M. Vester/I. Zierke, Bonn 1995, 7–50.

8. Gesellschaftliche Gruppen: Bauern, Arbeiter, „Intelligenz" und Restbürgertum

143. D. AUGUSTINE, Zwischen Privilegierung und Entmachtung: Ingenieure in der Ulbricht-Ära, in: Naturwissenschaften und Technik
   in der DDR. Hrsg. v. D. Hoffmann/K. Macrabis, Berlin 1997,
   173–191.

144. T. BAUER, Blockpartei und Agrarrevolution von oben. Die Demokratische Bauernpartei Deutschlands 1948–1963, München 2003.

145. A. BAUERKÄMPER, Ländliche Gesellschaft in der kommunistischen
   Diktatur. Zwangsmodernisierung und Tradition in Brandenburg
   1945–1963, Köln 2002.

146. A. BAUERKÄMPER (Hrsg.), „Junkerland in Bauernhand"? Durch-
   führung, Auswirkungen und Stellenwert der Bodenreform in der
   Sowjetischen Besatzungszone, Stuttgart 1996.

147. W. BELL, Enteignungen in der Landwirtschaft der DDR nach 1949
   und deren politische Hintergründe. Analyse und Dokumentation,
   Münster-Hiltrup 1992.

148. C. BOYER, Arbeiter im Staatssozialismus. Ein Leitfaden in theore-
   tischer Absicht, in: Bohemia 42 (2001) 209–219.

149. R. ENGELN, Uransklaven oder Sonnensucher? Die Sowjetische
   AG Wismut in der SBZ/DDR 1946–1953, Essen 2001.

150. G. ERBE, Arbeiterklasse und Intelligenz in der DDR, Opladen 1982.

151. A.-S. ERNST, „Die beste Prophylaxe ist der Sozialismus". Ärzte
   und medizinische Hochschullehrer in der SBZ/DDR 1945–1961,
   Münster 1997.

152. T. GROSSBÖLTING, SED-Diktatur und Gesellschaft. Bürgertum,
   Bürgerlichkeit und Entbürgerlichung in Magdeburg und Halle,
   Halle 2001.

153. J. S. HOHMANN, „Wenn Sie dies lesen, bin ich schon auf dem Weg
   in den Westen." „Republikflüchtige" DDR-Lehrer in den Jahren
   1949–1961, in: ZfG 45 (1997) 311–330.

154. P. HÜBNER, Konsens, Konflikt und Kompromiß. Soziale Arbeiter-
   interessen und Sozialpolitik in der SBZ/DDR 1945–1970, Berlin
   1995.

155. P. HÜBNER/K. TENFELDE (Hrsg.), Arbeiter in der SBZ-DDR, Essen
   1999.

156. P. HÜBNER, Sozialgeschichte der Industriearbeiterschaft in der
   SBZ/DDR. Bemerkungen zu Forschungstendenzen in Deutschland seit 1989, in: JHK (1993) 284–289.

157. A. M. Humm, Auf dem Weg zum sozialistischen Dorf? Zum Wandel der dörflichen Lebenswelt in der DDR und der Bundesrepublik Deutschland 1952–1969, Göttingen 1999.

158. R. Hürtgen/T. Reichel (Hrsg.), Der Schein der Stabilität. DDR-Betriebsalltag in der Ära Honecker, Berlin 2001.

159. C. Klessmann, Die „verstaatlichte Arbeiterbewegung". Überlegungen zur Sozialgeschichte der Arbeiterschaft in der DDR, in: Geschichte als Möglichkeit. Über die Chancen von Demokratie. Fs. Helga Grebing. Hrsg. v. K. Rudolph/C. Wickert, Essen 1995, 108–119.

160. U. Kluge/W. Halder/K. Schlenker (Hrsg.), Zwischen Bodenreform und Kollektivierung. Vor- und Frühgeschichte der „sozialistischen Landwirtschaft" in der SBZ/DDR vom Kriegsende bis in die fünfziger Jahre, Berlin 2001.

161. J. Kopstein, The Politics of Economic Decline in East Germany, 1945–1989, Chapel Hill 1997.

162. S. Kott, Le communisme au quotidien. Les entreprises d'État dans la société est-allemande, Paris 2001.

163. B. Lutz, Betriebe im realen Sozialismus als Lebensraum und Basisinstitution. Erste Hypothesen und offene Fragen zur Transformationsforschung, in: Chancen und Risiken der industriellen Restrukturierung in Ostdeutschland. Hrsg. v. R. Schmidt/B. Lutz, Berlin 1995, 135–158.

164. H. Matthiesen, Greifswald in Vorpommern. Konservatives Milieu im Kaiserreich, in Demokratie und Diktatur 1900–1990, Düsseldorf 2000.

165. A. Owzar, Sozialistische Bündnispolitik und gewerblich-industrieller Mittelstand. Thüringen 1945 bis 1953, München/Jena 2001.

166. R. Röhr, Die Beschäftigung polnischer Arbeitskräfte in der DDR 1966–1990. Die vertraglichen Grundlagen und ihre Umsetzung, in: AfS 42 (2002) 211–236.

167. J. Roesler, Probleme des Brigadealltags. Arbeiterverhältnisse und Arbeitsklima in volkseigenen Betrieben 1950–1989, in: APuZ, B 38 (1997) 3–17.

168. B. Schier, Alltagsleben im „sozialistischen Dorf". Merxleben und seine LPG im Spannungsfeld der SED-Agrarpolitik 1945–1990, Münster 2001.

169. J. Schöne, Landwirtschaftliches Genossenschaftswesen und Agrarpolitik in der SBZ/DDR 1945–1950/51, Stuttgart 2000.

170. A. SCHÜLE, „Die Spinne". Die Erfahrungsgeschichte weiblicher Industriearbeit im VEB Baumwollspinnerei, Leipzig 2001.

171. A. SCHÜLE, „Proletarischer Internationalismus" oder „ökonomischer Vorteil für die DDR"? Mosambikanische, angolanische und vietnamesische Arbeitskräfte im VEB Leipziger Baumwollspinnerei (1980–1989), in: AfS 42 (2002) 191–210.

172. E. SCHULZ, Zwischen Identifikation und Opposition. Künstler und Wissenschaftler der DDR und ihre Organisationen von 1949–1962, Köln 1995.

173. R. SOLDT, Zum Beispiel Schwarze Pumpe: Arbeiterbrigaden in der DDR, in: GG 24 (1998) 88–109.

174. F. WEIL, Herrschaftsanspruch und soziale Wirklichkeit. Zwei sächsische Betriebe in der DDR während der Honecker-Ära, Köln 2000.

9. Migration und geographische Mobilität

175. V. ACKERMANN, Der „echte" Flüchtling. Deutsche Vertriebene und Flüchtlinge aus der DDR 1945–1961, Osnabrück 1995.

176. J. C. BEHRENDS/T. LINDENBERGER/P. G. POUTRUS (Hrsg.), Fremde und Fremd-Sein in der DDR. Zu historischen Ursachen der Fremdenfeindlichkeit in Ostdeutschland, Berlin 2002.

177. S. DONTH, Vertriebene und Flüchtlinge in Sachsen 1945–1952. Die Politik der Sowjetischen Militäradministration und der SED, Köln 2000.

178. S. GRUNDMANN, Sozialstruktur und Lebensweise in Städten und Dörfern – Ein Forschungsbericht aus dem Jahre 1989, in: Berliner Journal für Soziologie, H. 3/4 1992, 399–416.

179. H. HEIDEMEYER, Flucht und Zuwanderung aus der SBZ/DDR 1945/1949–1961. Die Flüchtlingspolitik der Bundesrepublik Deutschland bis zum Bau der Berliner Mauer, Düsseldorf 1994.

180. D. HOFFMANN/M. SCHWARTZ (Hrsg.), Geglückte Integration? Spezifika und Vergleichbarkeiten der Vertriebenen-Eingliederung in der SBZ/DDR, München 1999.

181. D. HOFFMANN/M. KRAUSS/M. SCHWARTZ (Hrsg.), Vertriebene in Deutschland. Interdisziplinäre Ergebnisse und Forschungsperspektiven, München 2000.

182. J. HOFFMANN/W. MEINICKE/M. WILLE (Hrsg.), Sie hatten alles ver-

loren. Flüchtlinge und Vertriebene in der sowjetischen Besatzungszone Deutschlands, Wiesbaden 1993.

183. C. KLESSMANN/B. CIESLA/H.-H. HERTLE (Hrsg.), Vertreibung, Neuanfang, Integration. Erfahrungen in Brandenburg, Potsdam 2001.

184. W. MEINICKE, Probleme der Integration der Vertriebenen in der Sowjetischen Besatzungszone, in: Jahrbuch für ostdeutsche Volkskunde 35 (1992) 1–31.

185. W. MEINICKE/A. V. PLATO, Alte Heimat – neue Zeit. Flüchtlinge, Umgesiedelte, Vertriebene in der sowjetischen Besatzungszone und in der DDR, Berlin 1991.

186. P. H. SERAPHIM, Die Heimatvertriebenen in der Sowjetischen Besatzungszone, Bonn 1955.

187. A. SCHMELZ, Migration und Politik im geteilten Deutschland während des Kalten Krieges. Die West-Ost-Migration in der DDR in den 1950er und 1960er Jahren, Opladen 2002.

188. S. SCHRAUT/T. GROSSER (Hrsg.), Die Flüchtlingsfrage in der deutschen Nachkriegsgesellschaft, Mannheim 1996.

189. M. SCHWARTZ, Vertreibung und Vergangenheitspolitik. Ein Versuch über geteilte deutsche Nachkriegsidentitäten, in: DA 39 (1997) 177–195.

190. M. SCHWARTZ, Tabu und Erinnerung. Zur Vertriebenen-Problematik in Politik und literarischer Öffentlichkeit der DDR, in: ZfG 51 (2003) 85–101.

191. M. SCHWARTZ, Vertriebene und „Umsiedlerpolitik". Integrationskonflikte in den deutschen Nachkriegs-Gesellschaften und die Assimilationsstrategien in der SBZ/DDR 1945–1961, München 2004.

192. P. THER, Deutsche und polnische Vertriebene. Gesellschaft und Vertriebenenpolitik in der SBZ/DDR und in Polen 1945–1956, Göttingen 1998.

193. H. WENDT, Die deutsch-deutschen Wanderungen – Bilanz einer 40jährigen Geschichte von Flucht und Ausreise, in: DA 24 (1991) 386–395.

194. M. WILLE (Hrsg.), 50 Jahre Flucht und Vertreibung. Gemeinsamkeiten und Unterschiede bei der Aufnahme und Integration der Vertriebenen in die Gesellschaften der Westzonen/Bundesrepublik und der SBZ/DDR, Magdeburg 1997.

10. „Kader" und Elitenwechsel

195. A. BAUERKÄMPER/J. DANYEL/P. HÜBNER/S. ROSS (Hrsg.), Gesellschaft ohne Eliten? Führungsgruppen in der DDR, Berlin 1997.

196. H. BEST/S. HORNBOSTEL (Hrsg.), Funktionseliten der DDR: Theoretische Kontroversen und empirische Befunde (Historical Social Research, Sonderheft 28), Köln 2003.

197. C. BOYER, „Die Kader entscheiden alles …". Kaderpolitik und Kaderentwicklung in der zentralen Staatsverwaltung der SBZ und der frühen DDR (1945–1952), Dresden 1996.

198. H. HAACK, Aufsteiger in der Neptunwerft: Mobilität im Industriesystem der SBZ/DDR bis 1960, in: GG 27 (2001) 424–445.

199. S. HORNBOSTEL (Hrsg.), Sozialistische Eliten. Horizontale und vertikale Differenzierungsmuster in der DDR, Opladen 1999.

200. P. HÜBNER (Hrsg.) Eliten im Sozialismus. Beiträge zur Sozialgeschichte der DDR, Köln 1999.

201. P. C. LUDZ, Parteielite im Wandel: Funktionsaufbau, Sozialstruktur und Ideologie der SED-Führung. Eine empirisch-systematische Untersuchung, Köln 1968.

11. Gesellschafts- und Sozialpolitik, Gewerkschaften

202. M. BOLDORF, Sozialfürsorge in der SBZ/DDR 1945–1953. Ursachen, Ausmaß und Bewältigung von Nachkriegsarmut, Stuttgart 1998.

203. J. FRERICH/M. FREY, Handbuch der Geschichte der Sozialpolitik in Deutschland, Bd. 2: Sozialpolitik in der Deutschen Demokratischen Republik, München 1993.

204. H. G. HOCKERTS, Soziale Errungenschaften? Zum sozialpolitischen Legitimitätsanspruch der zweiten deutschen Diktatur, in: Von der Arbeiterbewegung zum modernen Sozialstaat. Fs. Gerhard A. Ritter. Hrsg. v. J. Kocka/H.-J. Puhle/K. Tenfelde, München 1994, 790–804.

205. D. HOFFMANN, Sozialpolitische Neuordnung in der SBZ/DDR. Der Umbau der Sozialversicherung 1945–1956, München 1996.

206. P. HÜBNER, Betriebe als Träger der Sozialpolitik, Betriebliche Sozialpolitik, in: Geschichte der Sozialpolitik in Deutschland seit

1945. Hrsg. vom Bundesministerium für Arbeit und Sozialordnung und Bundesarchiv, Baden-Baden 2001, 920–943.

207. D. SCHWARZER, Arbeitsbeziehungen im Umbruch gesellschaftlicher Strukturen. Bundesrepublik Deutschland, DDR und neue Bundesländer im Vergleich, Stuttgart 1996.

208. S. SIMSCH, Blinde Ohnmacht. Der Freie Deutsche Gewerkschaftsbund zwischen Diktatur und Gesellschaft in der DDR 1945 bis 1963, Aachen 2002.

209. H. STADTLAND, Herrschaft nach Plan und Macht der Gewohnheit. Sozialgeschichte der Gewerkschaften in der SBZ/DDR 1945–1953, Essen 2001.

12. Familie, Frauen und Geschlechterverhältnis

210. G.-F. BUDDE (Hrsg.), Frauen arbeiten. Weibliche Erwerbstätigkeit in Ost- und Westdeutschland nach 1945, Göttingen 1997.

211. G.-F. BUDDE, Frauen der Intelligenz. Akademikerinnen in der DDR 1945 bis 1975, Göttingen 2003.

212. G. BÜHLER, Mythos Gleichberechtigung in der DDR. Politische Partizipation von Frauen am Beispiel des Demokratischen Frauenbunds Deutschland, Frankfurt/M. 1997.

213. G. HELWIG/H. M. NICKEL (Hrsg.), Frauen in Deutschland 1945–1992, Berlin 1993.

214. S. KREUTZER, „Sozialismus braucht gebildete Frauen". Die Kampagne um das Kommunique „Die Frauen – der Frieden und der Sozialismus" in der DDR 1961/62, in: ZfG 47 (1999) 23–37.

215. B. MAUL, Akademikerinnen in der Nachkriegszeit. Ein Vergleich zwischen der Bundesrepublik Deutschland und der DDR, Frankfurt/M. 2002.

216. L. MERTENS, Wider die sozialistische Familiennorm. Ehescheidungen in der DDR 1950–1989, Opladen 1998.

217. H. TRAPPE, Emanzipation oder Zwang? Frauen in der DDR zwischen Beruf, Familie und Sozialpolitik, Berlin 1995.

218. G. WINKLER (Hrsg.), Frauenreport '90, Berlin 1990.

13. Jugend und Generationen

219. L. Ansorg, Kinder im Klassenkampf. Die Geschichte der Pionier-organisation von 1948 bis zum Ende der fünfziger Jahre, Berlin 1997.
220. H. Dähn/H. Gotschlich (Hrsg.), „Und führe uns nicht in Versuchung...". Jugend im Spannungsfeld von Staat und Kirche in der SBZ/DDR 1945 bis 1989, Berlin 1998.
221. W. Friedrich/H. Griese (Hrsg.), Jugend und Jugendforschung in der DDR. Gesellschaftspolitische Situationen, Sozialisation und Mentalitätsentwicklung in den achtziger Jahren, Opladen 1991.
222. W. Hennig/W. Friedrich (Hrsg.), Jugend in der DDR. Daten und Ergebnisse der Jugendforschung vor der Wende, Weinheim 1991.
223. B. Hille/W. Jaide, DDR-Jugend. Politisches Bewußtsein und Lebensalltag, Opladen 1990.
224. U. Mählert, Die Freie Deutsche Jugend 1945–1949. Von den „Antifaschistischen Jugendausschüssen" zur SED-Massenorganisation: Die Erfassung der Jugend in der Sowjetischen Besatzungszone, Paderborn 1995.
225. M.-D. Ohse, Jugend nach dem Mauerbau. Anpassung, Protest und Eigensinn (DDR 1961–1974), Berlin 2003.
226. P. Skyba, Vom Hoffnungsträger zum Sicherheitsrisiko. Jugend in der DDR und Jugendpolitik der SED 1949–1961, Köln 2000.
227. D. Wierling, Geboren im Jahr Eins: der Jahrgang 1949 in der DDR. Versuch einer Kollektivbiographie, Berlin 2002.

14. Bildung und Sozialisation

228. J. Connelly, Captive University. The Sovietization of East German, Czech and Polish Higher Education, 1945–1956, Chapel Hill 2000.
229. C. Führ/C.-L. Furck (Hrsg.), Handbuch der deutschen Bildungsgeschichte, Bd. 4: 1945 bis zu Gegenwart, 2. Teilbd.: Deutsche Demokratische Republik und neue Bundesländer, München 1998.
230. Geschichte, Struktur und Funktionsweise der DDR-Volksbildung. Eine Publikation des Ministeriums für Bildung, Jugend und Sport des Landes Brandenburg, 4 Bde., Berlin 1996/1997.

231. P. GRUNER, Die Neulehrer – ein Schlüsselsymbol der DDR-Gesell-
     schaft. Biographische Konstruktionen von Lehrern zwischen Er-
     fahrungen und gesellschaftlichen Erwartungen, Weinheim 2000.
232. S. HÄDER, Schülerkindheit in Ost- Berlin. Sozialisation unter den
     Bedingungen der Diktatur (1945–1958), Köln 1998.
233. S. HÄDER/H.-E. TENORTH (Hrsg.), Bildungsgeschichte einer Dikta-
     tur. Bildung und Erziehung in SBZ und DDR im historisch-gesell-
     schaftlichen Kontext, Weinheim 1997.
234. B. HOHLFELD, Die Neulehrer in der SBZ, DDR 1945–1953. Ihre
     Rolle bei der Umgestaltung von Gesellschaft und Staat, Wein-
     heim 1992.
235. R. JESSEN, Akademische Elite in der kommunistischen Diktatur.
     Die ostdeutsche Hochschullehrerschaft in der Ulbricht-Ära, Göt-
     tingen 1999.
236. I.-S. KOWALCZUK, Geist im Dienste der Macht. Hochschulpolitik
     in der SBZ/DDR 1945 bis 1961, Berlin 2003.
237. W. KRÖNIG/K.-D. MÜLLER, Anpassung, Widerstand, Verfolgung.
     Hochschule und Studenten in der SBZ und DDR 1945–1961,
     Köln 1994.
238. M. C. SCHNEIDER, Bildung für neue Eliten. Die Gründung der
     Arbeiter und Bauern-Fakultäten in der SBZ/DDR, Dresden 1998.

15. Kirchen und Kirchengemeinden

239. G. BESIER, Der SED-Staat und die Kirche, 3 Bde., München 1993-
     Frankfurt/M. 1995.
240. H. DÄHN/J. HEISE (Hrsg.), Staat und Kirchen in der DDR. Zum
     Stand der zeithistorischen und sozialwissenschaftlichen For-
     schung, Frankfurt/M. 2003.
241. R. F. GOECKEL, Die evangelische Kirche und die DDR. Konflikte,
     Gespräche, Vereinbarungen unter Ulbricht und Honecker, Leipzig
     1995.
242. M. G. GOERNER, Die Kirche als Problem der SED. Strukturen
     kommunistischer Herrschaftsausübung gegenüber der evangeli-
     schen Kirche 1945 bis 1958, Berlin 1997.
243. U. VON HEHL/H. G. HOCKERTS (Hrsg.), Der Katholizismus – ge-
     samtdeutsche Klammer in den Jahrzehnten der Teilung? Erinne-
     rungen und Berichte, Paderborn 1996.

244. G. KAISER/E. FRIE (Hrsg.), Christen, Staat und Gesellschaft in der DDR, Frankfurt/M. 1996.
245. C. KLESSMANN, Zur Sozialgeschichte des protestantischen Milieus in der DDR, in: GG 19 (1993) 29–53.
246. C. LEPP/K. NOWAK (Hrsg.), Evangelische Kirche im geteilten Deutschland (1945–1989/90), Göttingen 2001.
247. D. POLLACK, Kirche in der Organisationsgesellschaft. Zum Wandel der gesellschaftlichen Lage der evangelischen Kirchen in der DDR, Stuttgart 1994.
248. G. REIN, Die protestantische Revolution 1987–1990, Berlin 1990.
249. B. SCHÄFER, Staat und katholische Kirche in der DDR, Köln 1998.
250. W. TISCHNER, Katholische Kirche in der SBZ/DDR 1945–1951. Die Formierung einer Subgesellschaft im entstehenden sozialistischen Staat, Paderborn 2001.

16. Konsum, Alltagsleben und Kultur

251. M. ALLINSON, Politics and Popular Opinion in East Germany 1945–68, Manchester 2000.
252. E. BADSTÜBNER (Hrsg.), Befremdlich anders. Leben in der DDR, Berlin 2000.
253. S. BARCK/M. LANGERMAN/S. LOKATIS, „Jedes Buch ein Abenteuer". Zensur-System und literarische Öffentlichkeiten in der DDR bis Ende der sechziger Jahre, Berlin 1997.
254. G. DIETRICH, Politik und Kultur in der SBZ 1945–1949, Bern 1993.
255. P. HELDMANN, Herrschaft, Wirtschaft, Anoraks. Konsumpolitik in der DDR der Sechzigerjahre, Göttingen 2004.
256. M. JÄGER, Kultur und Politik in der DDR 1945–1990, Köln 1995.
257. A. KAMINSKY, Wohlstand, Schönheit, Glück. Kleine Konsumgeschichte der DDR, München 2001.
258. S. LOKATIS, Der rote Faden. Kommunistische Parteigeschichte und Zensur unter Walter Ulbricht, Köln 2003.
259. P. MAJOR, Vor und nach dem 13. August 1961: Reaktionen der DDR-Bevölkerung auf den Bau der Berliner Mauer, in: AfS 39 (1999) 325–354.
260. I. MERKEL, Utopie und Bedürfnis. Die Geschichte der Konsumkultur in der DDR, Köln 1999.
261. L. MERTENS (Hrsg.), Unter dem Deckel der Diktatur. Soziale und kulturelle Aspekte des DDR-Alltags, Berlin 2003.

262. W. MITTENZWEI, Die Intellektuellen. Literatur und Politik in Ostdeutschland 1945 bis 2000, Leipzig 2001.
263. D. MÜHLBERG, Sexuelle Orientierungen und Verhaltensweisen in
der DDR, in: SOWI. Sozialwissenschaftliche Informationen 24
(1995), H. 1, 49–57.
264. H. NIEMANN, Hinterm Zaun. Politische Kultur und Meinungsforschung in der DDR – die geheimen Berichte an das Politbüro der
SED, Berlin 1995.
265. L. NIETHAMMER/A. VON PLATO/D. WIERLING, Die volkseigene Erfahrung. Eine Archäologie des Lebens in der Industrieprovinz der
DDR, Berlin 1991.
266. P. G. POUTRUS, Die Erfindung des Goldbroilers. Über den Zusammenhang zwischen Herrschaftssicherung und Konsumentwicklung in der DDR, Köln 2002.
267. M. RAUHUT, Beat in der Grauzone. DDR-Rock 1964 bis 1972.
Politik und Alltag, Berlin 1993.
268. M. RAUHUT, Rock in der DDR, Bonn 2002.
269. C. ROSS, Constructing Socialism at the Grass-Roots. The Transformation of East Germany, 1945–65, Houndsmill 2000.
270. G. RÜTHER, „Greif zur Feder, Kumpel". Schriftsteller, Literatur
und Politik in der DDR 1949–1990, Düsseldorf 1991.
271. J. ZATLIN, Ausgaben und Eingaben. Das Petitionsrecht und der
Untergang der DDR, in: ZfG 45 (1997) 902–917.

17. Wirtschaft und Umwelt

272. J. BÄHR/D. PETZINA, Innovationsverhalten und Entscheidungs-
strukturen. Vergleichende Studien zur wirtschaftlichen Entwicklung im geteilten Deutschland 1945–1990, Berlin 1996.
273. C. BUCHHEIM (Hrsg.), Wirtschaftliche Folgelasten des Krieges in
der SBZ/DDR, Baden-Baden 1995.
274. C. BUCHHEIM, Kriegsfolgen und Wirtschaftswachstum in der SBZ/
DDR, in: GG 25 (1999) 515–529.
275. J. FISCH, Reparationen nach dem Zweiten Weltkrieg, München
1992.
276. L. FRITZE, Panoptikum DDR-Wirtschaft. Machtverhältnisse, Or-
ganisationsstrukturen, Funktionsmechanismen, München 1993.
277. A. GAYKO, Investitions- und Standortpolitik der DDR an der Oder-
Neiße-Grenze 1950–1970, Frankfurt/M. 2000.

278. W. Halder, „Modell für Deutschland". Wirtschaftspolitik in Sachsen 1945–1948, Paderborn 2001.

279. D. Hoffmann, Aufbau und Krise der Planwirtschaft. Die Arbeitskräftelenkung in der SBZ/DDR 1945 bis 1963, München 2002.

280. R. Karlsch, Allein bezahlt? Die Reparationsleistungen der SBZ/DDR 1945–1953, Berlin 1993.

281. R. Karlsch/J. Laufer (Hrsg.), Sowjetische Demontagen in Deutschland 1944–1949: Hintergründe, Ziele und Wirkungen, Berlin 2002.

282. E. Kuhrt u. a. (Hrsg.), Die Endzeit der DDR-Wirtschaft – Analysen zur Wirtschafts-, Sozial- und Umweltpolitik, Opladen 1999.

283. M. Kukowski, Die Chemnitzer Auto Union AG und die „Demokratisierung" der Wirtschaft in der Sowjetischen Besatzungszone von 1945 bis 1948, Stuttgart 2003.

284. T. Pirker u. a., Der Plan als Befehl und Fiktion. Wirtschaftsführung in der DDR. Gespräche und Analysen, Opladen 1995.

285. A. Ritschl, Aufstieg und Niedergang der DDR: Ein Zahlenbild, in: JfW 1995/II, 11–46.

286. J. Roesler, Räumliche Auswirkungen der Wirtschaftspolitik im geteilten Deutschland: der ostdeutsche Raum, in: Wirtschaftliche Integration und Wandel der Raumstrukturen im 19. und 20. Jahrhundert. Hrsg. v. J. Wysocki, Berlin 1994, 129–140.

287. F. Sattler, Wirtschaftsordnung im Übergang. Politik, Organisation und Funktion der KPD/SED im Land Brandenburg bei der Etablierung der zentralen Planwirtschaft in der SBZ/DDR 1945–52, 2 Bde., Münster 2002.

288. F. Schulz, Elitenwandel in der Leipziger Wirtschaftsregion 1945–1948. Von den Leipziger „sächsischen Industriefamilien" zu Kadern aus dem Leipziger Arbeitermilieu, in: Comparativ 5 (1995) 112–126.

289. O. Schwarzer, Sozialistische Zentralplanwirtschaft in der SBZ/DDR. Ergebnisse eines ordnungspolitischen Experiments (1945–1989), Stuttgart 1999.

290. A. Steiner, Die DDR-Wirtschaftsreform der sechziger Jahre. Konflikt zwischen Effizienz- und Machtkalkül, Berlin 1999.

291. A. Steiner, Von Plan zu Plan. Eine Wirtschaftsgeschichte der DDR, München 2004.

292. W. Zank, Wirtschaft und Arbeit in Ostdeutschland 1945–1949. Probleme des Wiederaufbaus in der Sowjetischen Besatzungszone Deutschlands, München 1987.

293. W. ZIMMERMANN, Die industrielle Arbeitswelt der DDR unter dem Primat der sozialistischen Ideologie, 2. Bde., Münster 2002.

18. Repressionsorgane: Justiz und Polizei

294. G. FÜRMETZ/H. REINKE/K. WEINBAUER (Hrsg.), Nachkriegspolizei. Sicherheit und Ordnung in Ost- und Westdeutschland 1945–1969, Hamburg 2001.
295. T. LINDENBERGER, Volkspolizei. Herrschaftspraxis und öffentliche Ordnung im SED-Staat, 1952–1968, Köln 2003.
296. H. WENTKER, Justiz in der SBZ/DDR 1945–1953. Transformation und Rolle ihrer zentralen Institutionen, München 2001.
297. F. WERKENTIN, Politische Strafjustiz in der Ära Ulbricht, 2., überarb. Aufl. Berlin 1997 [EA 1995].

19. Abweichendes Verhalten und das Ende der DDR

298. T. DIEDRICH, Waffen gegen das Volk. Der Aufstand des 17. Juni 1953, München 2003.
299. K. W. FRICKE, Opposition und Widerstand in der DDR. Ein politischer Report, Köln 1984.
300. K. W. FRICKE/P. STEINBACH/J. TUCHEL (Hrsg.), Opposition und Widerstand in der DDR. Politische Lebensbilder, München 2002.
301. M. HAGEN, DDR – Juni '53. Die erste Volkserhebung im Stalinismus, Stuttgart 1992.
302. K.-D. HENKE/P. STEINBACH/J. TUCHEL (Hrsg.), Widerstand und Opposition in der DDR, Köln 1999.
303. K. H. JARAUSCH/M. SABROW (Hrsg.), Weg in den Untergang. Der innere Zerfall der DDR, Göttingen 1999.
304. H. JOAS/M. KOHLI (Hrsg.), Der Zusammenbruch der DDR. Soziologische Analysen, Frankfurt/M. 1993.
305. C. KLESSMANN, Opposition und Resistenz in zwei Diktaturen in Deutschland, in: HZ 262 (1996) 453–479.
306. I.-S. KOWALCZUK, 17. Juni 1953 – Volksaufstand in der DDR. Ursachen – Abläufe – Folgen, Bremen 2003.

307. H.-P. Löhn, Spitzbart, Bauch und Brille sind nicht des Volkes Wille, Bremen 2003.

308. P. von zur Mühlen, Der „Eisenberger Kreis". Jugendwiderstand und Verfolgung in der DDR 1953–1958, Bonn 1995.

309. E. Neubert, Geschichte der Opposition in der DDR 1949–1989, 2. Aufl. Bonn 1998 [EA 1998].

310. U. Poppe/R. Eckert/I.-S. Kowalczuk (Hrsg.), Zwischen Selbstbehauptung und Anpassung. Formen des Widerstandes und der Opposition in der DDR, Berlin 1995.

311. C. Ross, Grundmerkmal oder Randerscheinung? Überlegungen zu Dissens und Opposition in der DDR, in: DA 35 (2002) 747–760.

312. H. Roth, Der 17. Juni 1953 in Sachsen, Köln 1999.

313. R. Steininger, 17. Juni 1953. Der Anfang vom langen Ende der DDR, München 2003.

314. H.-J. Veen u. a. (Hrsg.), Lexikon Opposition und Widerstand in der SED-Diktatur, Berlin 2000.

315. H. Zwahr, Ende einer Selbstzerstörung. Leipzig und die Revolution in der DDR, Göttingen 1993.

Register

Personenregister

Ortsregister

Sachregister

Enzyklopädie deutscher Geschichte
Themen und Autoren

Mittelalter

Agrarwirtschaft, Agrarverfassung und ländliche Gesellschaft im Mittelalter (Werner Rösener) 1992. EdG 13
Adel, Rittertum und Ministerialität im Mittelalter (Werner Hechberger) 2004. EdG 72
Die Stadt im Mittelalter (Frank Hirschmann)
Die Armen im Mittelalter (Otto Gerhard Oexle)
Geschlechtergeschichte des Mittelalters (Hedwig Röckelein)
Die Juden im mittelalterlichen Reich (Michael Toch) 2. Aufl. 2003. EdG 44

Gesellschaft

Wirtschaftlicher Wandel und Wirtschaftspolitik im Mittelalter (Michael Rothmann)

Wirtschaft

Wissen als soziales System im Frühen und Hochmittelalter (Johannes Fried)
Die geistige Kultur im späteren Mittelalter (Johannes Helmrath)
Die ritterlich-höfische Kultur des Mittelalters (Werner Paravicini) 2. Aufl. 1999. EdG 32

Kultur, Alltag, Mentalitäten

Die mittelalterliche Kirche (Michael Borgolte) 2. Aufl. 2004. EdG 17
Mönchtum und religiöse Bewegungen im Mittelalter (Gert Melville)
Grundformen der Frömmigkeit im Mittelalter (Arnold Angenendt) 2. Aufl. 2004. EdG 68

Religion und Kirche

Die Germanen (Walter Pohl) 2. Aufl. 2004. EDG 57
Die Slawen in der deutschen Geschichte des Mittelalters (Thomas Wünsch)
Das römische Erbe und das Merowingerreich (Reinhold Kaiser) 3., überarb. u. erw. Aufl. 2004. EdG 26
Das Karolingerreich (Klaus Zechiel-Eckes)
Die Entstehung des Deutschen Reiches (Joachim Ehlers) 2. Aufl. 1998. EdG 31
Königtum und Königsherrschaft im 10. und 11. Jahrhundert (Egon Boshof) 2. Aufl. 1997. EdG 27
Der Investiturstreit (Wilfried Hartmann) 2. Aufl. 1996. EdG 21
König und Fürsten, Kaiser und Papst nach dem Wormser Konkordat (Bernhard Schimmelpfennig) 1996. EdG 37
Deutschland und seine Nachbarn 1200–1500 (Dieter Berg) 1996. EdG 40
Die kirchliche Krise des Spätmittelalters (Heribert Müller)
König, Reich und Reichsreform im Spätmittelalter (Karl-Friedrich Krieger) 1992. EdG 14
Fürstliche Herrschaft und Territorien im späten Mittelalter (Ernst Schubert) 1996. EdG 35

Politik, Staat, Verfassung

Frühe Neuzeit

Bevölkerungsgeschichte und historische Demographie 1500–1800 (Christian Pfister) 1994. EdG 28
Umweltgeschichte der Frühen Neuzeit (Reinhold Reith)

Gesellschaft

Bauern zwischen Bauernkrieg und Dreißigjährigem Krieg (André Holenstein)
1996. EdG 38
Bauern 1648–1806 (Werner Troßbach) 1992. EdG 19
Adel in der Frühen Neuzeit (Rudolf Endres) 1993. EdG 18
Der Fürstenhof in der Frühen Neuzeit (Rainer A. Müller) 2. Aufl. 2004. EdG 33
Die Stadt in der Frühen Neuzeit (Heinz Schilling) 2. Aufl. 2004. EdG 24
Armut, Unterschichten, Randgruppen in der Frühen Neuzeit
(Wolfgang von Hippel) 1995. EdG 34
Unruhen in der ständischen Gesellschaft 1300–1800 (Peter Blickle)
1988. EdG 1
Frauen- und Geschlechtergeschichte 1500–1800 (Heide Wunder)
Die Juden in Deutschland vom 16. bis zum Ende des 18. Jahrhunderts
(J. Friedrich Battenberg) 2001. EdG 60

Wirtschaft   **Die deutsche Wirtschaft im 16. Jahrhundert (Franz Mathis) 1992. EdG 11**
Die Entwicklung der Wirtschaft im Zeitalter des Merkantilismus 1620–1800
(Rainer Gömmel) 1998. EdG 46
Landwirtschaft in der Frühen Neuzeit (Walter Achilles) 1991. EdG 10
Gewerbe in der Frühen Neuzeit (Wilfried Reininghaus) 1990. EdG 3
Kommunikation, Handel, Geld und Banken in der Frühen Neuzeit (Michael
North) 2000. EdG 59

Kultur, Alltag,   Medien in der Frühen Neuzeit (Stephan Füssel)
Mentalitäten   **Bildung und Wissenschaft vom 15. bis zum 17. Jahrhundert (Notker Hammer-**
stein) 2003. EdG 64
Bildung und Wissenschaft in der Frühen Neuzeit 1650–1800
(Anton Schindling) 2. Aufl. 1999. EdG 30
Die Aufklärung (Winfried Müller) 2002. EdG 61
Lebenswelt und Kultur des Bürgertums in der Frühen Neuzeit (Bernd Roeck)
1991. EdG 9
Lebenswelt und Kultur der unterständischen Schichten in der Frühen Neuzeit
(Robert von Friedeburg) 2002. EdG 62

Religion und   **Die Reformation. Voraussetzungen und Durchsetzung (Olaf Mörke) 2005.**
Kirche   **EdG 74**
Konfessionalisierung im 16. Jahrhundert (Heinrich Richard Schmidt)
1992. EdG 12
Kirche, Staat und Gesellschaft im 17. und 18. Jahrhundert (Michael Maurer)
1999. EdG 51
Religiöse Bewegungen in der Frühen Neuzeit (Hans-Jürgen Goertz)
1993. EdG 20

Politik, Staat   **Das Reich in der Frühen Neuzeit (Helmut Neuhaus) 2. Aufl. 2003. EdG 42**
und Verfassung   Landesherrschaft, Territorien und Staat in der Frühen Neuzeit (Joachim Bahlcke)
Die Landständische Verfassung (Kersten Krüger) 2003. EdG 67
Vom aufgeklärten Reformstaat zum bürokratischen Staatsabsolutismus
(Walter Demel) 1993. EdG 23
Militärgeschichte des späten Mittelalters und der Frühen Neuzeit
(Bernhard Kroener)

Staatensystem,   **Das Reich im Kampf um die Hegemonie in Europa 1521–1648 (Alfred Kohler)**
internationale   **1990. EdG 6**
Beziehungen   **Altes Reich und europäische Staatenwelt 1648–1806 (Heinz Duchhardt)**
1990. EdG 4

19. und 20. Jahrhundert

Bevölkerungsgeschichte und Historische Demographie 1800–2000 (Josef Ehmer) 2004. EdG 71
Migrationen im 19. und 20. Jahrhundert (Jochen Oltmer)
Umweltgeschichte des 19. und 20. Jahrhunderts (Frank Uekötter)
Adel im 19. und 20. Jahrhundert (Heinz Reif) 1999. EdG 55
Geschichte der Familie im 19. und 20. Jahrhundert (Andreas Gestrich) 1998. EdG 50
Urbanisierung im 19. und 20. Jahrhundert (Klaus Tenfelde)
Von der ständischen zur bürgerlichen Gesellschaft (Lothar Gall) 1993. EdG 25
Die Angestellten seit dem 19. Jahrhundert (Günter Schulz) 2000. EdG 54
Die Arbeiterschaft im 19. und 20. Jahrhundert (Gerhard Schildt) 1996. EdG 36
Frauen- und Geschlechtergeschichte im 19. und 20. Jahrhundert (Karen Hagemann)
Die Juden in Deutschland 1780–1918 (Shulamit Volkov) 2. Aufl. 2000. EdG 16
Die Juden in Deutschland 1914–1945 (Moshe Zimmermann) 1997. EdG 43

Gesellschaft

Die Industrielle Revolution in Deutschland (Hans-Werner Hahn) 1998. EdG 49
Die deutsche Wirtschaft im 20. Jahrhundert (Wilfried Feldenkirchen) 1998. EdG 47
Agrarwirtschaft und ländliche Gesellschaft im 19. Jahrhundert (Stefan Brakensiek)
Agrarwirtschaft und ländliche Gesellschaft im 20. Jahrhundert (Ulrich Kluge) 2005. EdG 73
Gewerbe und Industrie im 19. und 20. Jahrhundert (Toni Pierenkemper) 1994. EdG 29
Handel und Verkehr im 19. Jahrhundert (Karl Heinrich Kaufhold)
Handel und Verkehr im 20. Jahrhundert (Christopher Kopper) 2002. EdG 63
Banken und Versicherungen im 19. und 20. Jahrhundert (Eckhard Wandel) 1998. EdG 45
Unternehmensgeschichte im 19. und 20. Jahrhundert (Werner Plumpe)
Staat und Wirtschaft im 19. Jahrhundert (Rudolf Boch) 2004. EdG 70
Staat und Wirtschaft im 20. Jahrhundert (Gerold Ambrosius) 1990. EdG 7

Wirtschaft

Kultur, Bildung und Wissenschaft im 19. Jahrhundert (Hans-Christof Kraus)
Kultur, Bildung und Wissenschaft im 20. Jahrhundert (Frank-Lothar Kroll) 2003. EdG 65
Lebenswelt und Kultur des Bürgertums im 19. und 20. Jahrhundert (Andreas Schulz) 2005. EdG 75
Lebenswelt und Kultur der unterbürgerlichen Schichten im 19. und 20. Jahrhundert (Wolfgang Kaschuba) 1990. EdG 5

Kultur, Alltag und Mentalitäten

Formen der Frömmigkeit in einer sich säkularisierenden Gesellschaft (Karl Egon Lönne)
Kirche, Politik und Gesellschaft im 19. Jahrhundert (Gerhard Besier) 1998. EdG 48

Religion und Kirche

Kirche, Politik und Gesellschaft im 20. Jahrhundert (Gerhard Besier) 2000. EdG 56

Politik, Staat, Verfassung

Der Deutsche Bund und das politische System der Restauration 1815–1866 (Jürgen Müller)
Verfassungsstaat und Nationsbildung 1815–1871 (Elisabeth Fehrenbach) 1992. EdG 22
Politik im deutschen Kaiserreich (Hans-Peter Ullmann) 2. Aufl. 2005. EdG 52
Die Weimarer Republik. Politik und Gesellschaft (Andreas Wirsching) 2000. EdG 58
Nationalsozialistische Herrschaft (Ulrich von Hehl) 2. Auflage 2001. EdG 39
Die Bundesrepublik Deutschland. Verfassung, Parlament und Parteien (Adolf M. Birke) 1996. EdG 41
Militärgeschichte des 19. Jahrhunderts (Ralf Pröve)
Militärgeschichte des 20. Jahrhunderts (Bernhard R. Kroener)
Die Sozialgeschichte der Bundesrepublik Deutschland (Axel Schildt)
Die Sozialgeschichte der DDR (Arnd Bauerkämper) 2005. EDG 76
Die Innenpolitik der DDR (Günther Heydemann) 2003. EdG 66

Staatensystem, internationale Beziehungen

Die deutsche Frage und das europäische Staatensystem 1815–1871 (Anselm Doering-Manteuffel) 2. Aufl. 2001. EdG 15
Deutsche Außenpolitik 1871–1918 (Klaus Hildebrand) 2. Aufl. 1994. EdG 2
Die Außenpolitik der Weimarer Republik (Gottfried Niedhart) 1999. EdG 53
Die Außenpolitik des Dritten Reiches (Marie-Luise Recker) 1990. EdG 8
Die Außenpolitik der BRD (Ulrich Lappenküper)
Die Außenpolitik der DDR (Joachim Scholtyseck) 2003. EDG 69

Hervorgehobene Titel sind bereits erschienen.

Stand: (Februar 2005)